# 多年冻土区浅埋隧道乳化沥青喷射混凝土性能研究

主　编◎侯艺桐
副主编◎何　璐　曹赛骏　马　悦

西南交通大学出版社
·成都·

图书在版编目（CIP）数据

多年冻土区浅埋隧道乳化沥青喷射混凝土性能研究 / 侯艺桐主编. -- 成都：西南交通大学出版社，2025.7. ISBN 978-7-5774-0455-4

Ⅰ．U459.9

中国国家版本馆 CIP 数据核字第 2025TQM676 号

Duonian Dongtuqu Qianmai Suidao Ruhua Liqing Penshe Hunningtu Xingneng Yanjiu
多年冻土区浅埋隧道乳化沥青喷射混凝土性能研究
主　编　侯艺桐

| | |
|---|---|
| 策 划 编 辑 | 吴　迪 |
| 责 任 编 辑 | 赵思琪 |
| 封 面 设 计 | GT 工作室 |
| 出 版 发 行 | 西南交通大学出版社<br>（四川省成都市金牛区二环路北一段 111 号<br>西南交通大学创新大厦 21 楼） |
| 营销部电话 | 028-87600564　028-87600533 |
| 邮 政 编 码 | 610031 |
| 网　　　址 | https://www.xnjdcbs.com |
| 印　　　刷 | 成都蜀通印务有限责任公司 |
| 成 品 尺 寸 | 170 mm×230 mm |
| 印　　　张 | 10.25 |
| 字　　　数 | 162 千 |
| 版　　　次 | 2025 年 7 月第 1 版 |
| 印　　　次 | 2025 年 7 月第 1 次 |
| 书　　　号 | ISBN 978-7-5774-0455-4 |
| 定　　　价 | 49.00 元 |

图书如有印装质量问题　本社负责退换
版权所有　盗版必究　举报电话：028-87600562

# 编写委员会

**主　　编**　侯艺桐

**副 主 编**　何　璐　　曹赛骏　　马　悦

**参　　编**　宋少贤　　曲慧明　　朱志武　　张永馈　　朱自力
　　　　　　毕晴晴　　葛伟康　　徐启益　　加武荣　　张利军
　　　　　　董文溢　　谢圣纲　　韩　军　　陈俊历　　邓林凤
　　　　　　廖冬萍　　薛利梅　　许露露　　谭　燕　　惠　瑞
　　　　　　汪静怡　　贺　倩　　谭晶桐　　李　雪　　张文凯
　　　　　　刘星宇　　张煜珍　　黄卫林　　王　磊　　陈彩渝
　　　　　　杨　柳　　杨海平　　乔为国　　张博恒　　杨　益
　　　　　　郭承鋈　　吕大伟　　余　波　　林浩宇

**参编单位**　重庆市设计院有限公司
　　　　　　内蒙古工业大学
　　　　　　重庆交通大学
　　　　　　西南交通大学
　　　　　　中铁二十局集团有限公司
　　　　　　浙江海洋大学

随着我国在青藏高原高海拔地区人类活动的持续开展和资源保护工作的深入推进，在高原地区交通网建设与全面规划中，对多年冻土地区的隧道工程研究显得尤为重要。高海拔多年冻土地区隧道洞口段辐射强、气温常年较低。这些恶劣的环境条件给隧道喷射混凝土施工带来了巨大挑战，导致隧道洞口段的防护与支护工程质量难以得到有效保证。同时，喷射混凝土在施工过程中释放的水化热必然对冻土围岩产生热扰动，进而引发融化、坍塌。为确保高海拔多年冻土区隧道洞口段支护与加固工程的有效实施，有必要研发先进适用的喷射混凝土材料，优化其配比组成，以最大限度发挥多年冻土区用喷射混凝土的性能优势，实现对冻土层的"低热扰动"，提升衬砌结构的抗变形性能，改善衬砌受力状态。

喷射混凝土作为一种混凝土材料，凭借其工期短、成本低等特点，被广泛应用于隧道内壁衬砌结构的支护及各种修补加固工程中。当喷射混凝土与钢筋网、锚杆等支护方法结合使用时，可显著提高对结构物的防护能力。喷射混凝土的施工方法主要包括干喷和湿喷两种。由于湿喷混凝土具有更好的均质性和耐久性，同时能够有效降低回弹量和粉尘浓度，因此湿喷法已成为世界各国主要采用的喷射混凝土施工方法。

虽然国内外在喷射混凝土的研究与应用方面已取得了较为丰硕的成果，但在多年冻土区隧道洞口段的衬砌施工中，采用湿喷混凝土仍存在较多困难。作为一种重要的支护方式，如何确保喷射混凝土的施工质量，强化混凝土与冻土围岩的黏结力，并最大限度地减少施工过程中冻土层的融化，都是亟待解决的关键问题。

基于此，本书针对多年冻土区浅埋隧道洞口段的施工难题，开发出适用于多年冻土区的负温水泥乳化沥青喷射混凝土（EASC）。EASC用"刚柔并济"的设计原理，充分发挥各组分材料的优势，有效降低施工过程中喷射混凝土对多年冻土层的热扰动，保护冻土围岩不出现融化和坍塌现象。同时，该材料能够显著提升衬砌结构的抗变形性能，改善衬砌的受力状态，从而为高原多年冻土区隧道洞口段加固与防护问题提供有效解决方案。

  本书在编写过程中，得到了重庆设计集团有限公司及重庆市设计院有限公司科研课题"隧道新材料、新设计、新工艺关键技术研究"的资助，在此深表感谢。

  鉴于作者水平有限，书中难免存在疏漏之处，恳请各位专家和读者不吝指正，以资共同提高。

作　者

2025 年 2 月

# 目录 CONTENTS

1 绪 论 ·········································································· 001
  1.1 研究背景 ································································ 001
  1.2 国内外研究现状 ······················································ 002
  1.3 现有研究存在的关键问题 ········································· 014
  1.4 主要研究内容及技术路线 ········································· 014

2 负温硅酸盐-铝酸盐-磷酸盐水泥的研发及其水化机理研究 ·· 017
  2.1 原材料 ··································································· 017
  2.2 试验方法 ································································ 019
  2.3 SAP体系的试验方案 ················································ 020
  2.4 SAP体系的凝结时间和抗压强度 ································ 021
  2.5 SAP体系的水化产物组成分析 ··································· 024
  2.6 SAP体系硬化结构的微观特性 ··································· 028
  2.7 本章小结 ································································ 032

3 负温环境下水泥与乳化沥青的交互作用机理研究 ·············· 033
  3.1 原材料 ··································································· 033
  3.2 水泥乳化沥青浆体(CEA)的制备 ······························ 034
  3.3 试验方法 ································································ 035
  3.4 水泥对乳化沥青破乳过程的影响 ································ 037
  3.5 乳化沥青对水泥水化进程的影响 ································ 042
  3.6 负温环境下CEA交互作用机理 ·································· 049
  3.7 本章小结 ································································ 050

4 负温水泥乳化沥青复合胶凝材料(CEAC)喷涂性能
  与流变性能研究 ···························································· 052
  4.1 原材料 ··································································· 052
  4.2 负温水泥乳化沥青复合胶凝材料(CEAC)的制备 ······ 053
  4.3 试验方法 ································································ 055

  4.4 配合比设计 ……………………………………………… 058
  4.5 CEAC喷涂性能与流变性能的影响因素 ……………… 060
  4.6 CEAC喷涂性能与流变参数的关系 …………………… 066
  4.7 本章小结 ………………………………………………… 068

5 负温乳化沥青喷射混凝土（EASC）性能研究 ……………… 070
  5.1 原材料 …………………………………………………… 070
  5.2 EASC的制备及养护条件 ……………………………… 071
  5.3 关键配合比参数对EASC工作性能的影响 …………… 072
  5.4 EASC性能测试 ………………………………………… 079
  5.5 EASC微观结构测试 …………………………………… 098
  5.6 本章小结 ………………………………………………… 102

6 EASC初期支护下围岩温度场及其抗变形性能研究 ………… 104
  6.1 EASC初期支护的温度场研究 ………………………… 104
  6.2 EASC初期支护结构的软岩隧道衬砌变形研究 ……… 119
  6.3 本章小结 ………………………………………………… 130

7 绪论与展望 ……………………………………………………… 132
  7.1 主要研究结论 …………………………………………… 132
  7.2 本书创新点 ……………………………………………… 135
  7.3 展  望 ………………………………………………… 135

参考文献 …………………………………………………………… 136

# 1 绪 论

## 1.1 研究背景

随着我国青藏高原高海拔地区人类活动和资源保护的逐渐深入，在进行高原地区的交通网建设和全面规划时，多年冻土地区的隧道建设极为重要。为人熟知的有昆仑山隧道[1]和风火山隧道[2]，如图 1.1 所示。

（a）昆仑山隧道　　　　　　　　（b）风火山隧道

图 1.1　昆仑山隧道与风火山隧道

高海拔多年冻土地区隧道洞口段辐射强、气温常年较低，冬季气温常在 －10 ℃ 或 －15 ℃ 以下，全年内冻结期长达 7～8 个月，这些不良的环境条件给隧道喷射混凝土施工带来了极大困难，使得隧道洞口段的防护与支护工程质量得不到有效保证。此外，喷射混凝土在施工过程中会释放水化热，势必会对冻土围岩产生热扰动，进而引发融化、坍塌。

为确保高海拔多年冻土区隧道洞口段支护与加固工程的有效进行，有必要研发先进适用的喷射混凝土材料，优化喷射混凝土的配比组成，最大限度地发挥多年冻土区喷射混凝土的性能和优势，实现对冻土层的"低热扰动"，提高衬砌结构的抗变形性能，改善衬砌受力状态。

喷射混凝土作为一种混凝土材料，其工作原理是利用压力喷枪将细石混凝土喷射到预设靶面之上。由于它具有工期短、成本低等特点，被广泛应用于隧道内壁衬砌结构的支护及各种修补加固工程中。此外，喷射混凝土与钢筋网、锚杆等支护方法结合可显著提高对结构物的防护能力。喷射混凝土的喷射方法主要有干喷和湿喷两种：干喷施工时，先将胶凝材料、集料、速凝剂拌和均匀，然后装入混凝土喷射机，利用气压使材料在管道中运输，再在喷嘴处与高压水混合，最后喷射到岩面之上；湿喷施工时，将胶凝材料、集料和水按照预定比例混合均匀，该混合物随后通过湿式喷射设备输送，在喷嘴处，加入液体速凝剂，并利用气压加速，形成一股混凝土射流，最终将其喷涂至围岩表面[3]。由于湿喷混凝土具有更好的均质性和耐久性，并能有效降低回弹量和粉尘浓度，目前已成为世界各国主要应用的喷射混凝土施工方法[4]。

国内外关于喷射混凝土的研究与应用虽然已取得较为丰富的成果，但是，在多年冻土区隧道洞口段的衬砌施工中采用湿喷混凝土仍存在较多困难。如何保证喷射混凝土的施工质量，如何保证混凝土与冻土围岩的黏结牢固性，以及如何最大程度降低施工中冻土层的融化，都是亟待解决的难题。为此，研究团队针对多年冻土区浅埋隧道洞口段的施工问题，开发适用于多年冻土区的负温水泥乳化沥青喷射混凝土（EASC），利用"刚柔并济"的原理最大限度发挥各组分材料的优势，降低施工过程中喷射混凝土对多年冻土层的热扰动，保护冻土围岩不融化、不坍塌，提高衬砌结构的抗变形性能，改善衬砌的受力状态，以此解决高原多年冻土区隧道洞口段加固与防护的问题。

## 1.2　国内外研究现状

### 1.2.1　多年冻土区隧道工程研究现状

随着工程技术的不断进步和人们对冻土性质认识的深入，多年冻土区隧道工程研究取得了显著的进展。在理论分析方面,研究者们对隧道温度场与围岩应力变形方向的数值模拟也获得了较多的成果;在施工技术方面,研究者们针对多年冻土区的特殊环境,提出了多种有效的隧道施工方法和支护措施。

1. 理论分析

随着我国经济的增长以及西部大开发战略的深入推进,在西部、西南部和东北部等高海拔和高纬度的多年冻土地区新建了众多铁路和公路隧道。尽管如此,人们对冻土特性的认识还相对有限,冻土隧道建设技术尚未完全成熟,导致一些隧道在施工过程中发生热融滑塌和围岩大变形等问题,这不仅威胁到隧道的结构安全,也影响隧道的正常运行,造成了一定的经济损失。在多年冻土地区,隧道洞口部分往往面临比隧道主体更为恶劣的围岩条件,这主要是由于其较浅的埋深以及对冻土地质、高原环境和气候变化的高敏感性[5,6]。因此,为了确保多年冻土区隧道洞口段在施工期间的稳定性,掌握隧道开挖之后的温度场分布和围岩变形情况至关重要。

(1)温度场。

在监测温度变化方面,杨旭等[7]通过实地测试围岩的温度场,探讨了吐库二线的中天山隧道温度场的分布特征。刘志春等[8]针对施工阶段风火山隧道的外部和内部温度差异进行采集监测,为后续冻土区隧道施工提供了理论支持。此外,肖询[9]利用现场数据和数值分析方法对高海拔季节性冻土隧道的温度场进行了研究,并得出了在围岩深度超过 1.5 m 后温度趋于稳定的结论。乇凤鸣[10]对寒冻地区嫩林线西罗奇岭 2 号隧道进行了气温状况的测试,归纳了洞内外气温分布的特点。陈建勋[11]对冻土地区某隧道内外温度特征参数进行了监测和分析,总结了温度变化规律,并基于此,在防水层与二次衬砌之间增加了防冻隔温层,以适应最大冻结深度随隧道长度的变化规律。

在经验公式和理论分析方面,Lunardini[12]、Shamsundar[13]探究了围岩的冻融特征,得到了圆形冷却管周围土壤冻融特性的相应近似公式。黄双林[14]和张先军[15]先后针对隧道围岩地温分布特征、围岩隔热层内外侧的温度变化特性以及昆仑山隧道在冻土段的冻融圈演变特征进行了深入探究。夏才初等[16]建立了寒区隧道温度场的解析模型,该模型包含了衬砌和隔热层，并计算出了最佳的隔热层厚度。韩跃杰等[17]基于能量守恒定律与热传导定律，构建了隧道纵向洞内空气与洞壁之间的气-固耦合传热模型。沈世伟等[18]建立了考虑水泥水化放热的隧道围岩二维非稳态温度场的传热模型，并在此基础上分析了喷射混凝土前后围岩温度场的变化规律，以及喷射混凝土的施作时机与厚度对围岩冻融圈的影响规律，并与现场实测结果进行了对比分析。

在经历了温度监测与经验公式的推导后，利用有限元分析软件进行温度场数值模拟已经成为冻土隧道研究的主要手段。李明勇[19]利用COMSOL Multiphysics 有限元分析软件，模拟了隧道模型的试验条件，探讨了不同渗透率、排水条件以及边界条件等因素对隧道冻融圈范围、冻胀位移和水分迁移速率的影响规律。姚红志等[20]利用 ANSYS 有限元分析软件模拟鄂拉山隧道不同保温层施工方法的温度场响应，并分析了在多种工况下（如不同的渗透率、排水条件以及边界条件等），隧道冻融圈的范围、冻胀位移和水分迁移速率的变化规律，并以此为依据评价了保温材料的保温性能，研究成果可为避免多年冻土区隧道冻害及冻土融化提供理论指导。李磊[21]选取风火山隧道作为研究对象，借助 ADINA 有限元分析软件分析了空气流速、埋深以及保温防护层对隧道温度场分布特征的影响。崔振伟[22]利用 ANSYS 有限元软件的 APDL 语言研究了青海某隧道洞口段温度场，总结了季节性冻土隧道洞口段冻结圈的分布规律。Tan 等[23]利用 COMSOL 仿真软件研究了气流对隧道围岩的温度场的影响，研究发现气温和风速是显著影响隧道围岩温度分布的两个重要因素，在距隧道洞口 400 m 之内，在二次衬砌处采用厚度为 6 cm 的保温材料，可有效保护嘎隆拉隧道衬砌和围岩，使其免受冻融破坏的威胁。

综上所述，通过现场监测获得的隧道衬砌及围岩温度数据，为后续理论解析和数值模拟的验证工作提供了依据。此外，基于现场温度数据建立的隧道温度变化模型，为未来冻土隧道温度变化的分析和合理防护措施的制定提供了参考。

（2）围岩应力与变形计算。

在围岩应力与变形计算方面，王星华等[24]分析了隧道挖掘过程中的应力集中及周围岩石的变形情况，以此来评估施工方法的有效性并改进隧道衬砌设计。李强等[25]研究了多年冻土区围岩压力的计算方法，并推导了在融化条件下，多年冻土段浅埋隧道围岩压力的计算公式。汤国璋等[26]对多年冻土区的隧道围岩的变形特征进行了监测,并开发了一整套的施工评估方法。姚海波等[27]依托采集到的风火山隧道实测数据,利用有限元方法进行了风火山隧道施工开挖的模拟研究,以此优化施工技术,提高效率。

为防止隧道围岩大变形,改善隧道围岩与衬砌的受力状态,Barla等[28]在衬砌中加入了可大变形的柔性混凝土作为柔性支护结构,并在里昂—都灵铁路圣马丁段的隧道洞口成功运用。结合有限元分析结果,这种柔性支护系统改善了围岩与支护结构的受力状态。Wu等[29]采用泡沫混凝土作为垫层填充在喷射混凝土与二次衬砌之间,结合 ABAQUS 有限元分析结果,发现初次衬砌的受力状态有所改善,其中最小主应力降低了 60%,变形量降低了 46%。Zeng 等[30]认为,柔性支护结构允许一定程度的隧道过度开挖,以适应围岩强度的变化,并共同保证洞口的稳定性。

综上所述,多年冻土区隧道围岩在融化过程中所经历的形变与损坏,是多种因素交织影响的结果,且各因素之间联系紧密。只有充分理解这一过程的特征机制,才能确保隧道围岩在建模分析时的数值模拟结果与实际观测数据相符,否则将会不利于隧道的设计和施工。此外,采用柔性材料与刚性支护结构相结合的半刚性支护系统,可以有效改善围岩与支护结构的受力状态。因此,为了建立更符合工程实际的计算模型,以及从材料角度优化衬砌的受力状态以科学指导多年冻土区隧道洞口段的设计和施工,有必要进行更为深入的研究。

## 2. 工程实践

在国外,苏联在贝加尔—阿穆尔铁路的建设中成功穿越了多处多年冻土区域,并修建了众多隧道。与此同时,日本、挪威以及加拿大等地也相继完成了大量冻土隧道的建设。这些国家通过长期的工程实践,积累了丰富的冻土隧道施工经验[31]。自中华人民共和国成立以来,在东北的大小兴安岭等高纬度、海拔 1 000 m 以下的地区,建造了多座寒区隧道,如西岭 1 号及 2 号隧道、白卡尔隧道、土门岭隧道等,这些隧道外部的最低气温记录均低于 −50 ℃。在西部高海拔地区,除了早期建设的奎先隧道外,近年来还建设了一些高寒隧道,如大板山隧道、鹧鸪山隧道、风火山隧道、昆仑山隧道、鄂拉山隧道等。

在上述隧道工程中,刘国玉[32]阐述了大板山隧道在建设过程中所取得的技术成就与施工策略，包括：针对高海拔寒冷环境的施工机械选择与匹配技术；低温条件下的混凝土施工工艺；防寒保温系统的施工方法；改进防排水系统和新型防排水材料的采用；利用泄水洞进行隧道施工通风的技术。蒲玉川[33]介绍了鄂拉山隧道多年冻土浅埋段的施工方法，采用超短台阶分层开挖，注浆管棚、小导管、中空锚杆结合型钢架喷射低温早强钢纤维混凝土联合支护，施工中采取多种措施保证隧道供水、通风、供氧和混凝土的保温，尽量减少对冻融圈的影响，避免冻土融化，以顺利度过浅埋段。杨安杰等[34]介绍了昆仑山隧道中湿喷混凝土的应用，通过调整防冻剂和速凝剂掺量，使用可自动控温的喷射机械，严格控制喷射混凝土拌合物到达喷射面的温度，使湿喷混凝土技术成功应用到多年冻土区隧道，为在高海拔多年冻土区隧道工程中应用湿喷混凝土技术提供了宝贵的实践经验。

综上所述，国外的多年冻土隧道主要分布在低海拔区域，且相关参考文献较为稀缺。在我国东北的大小兴安岭等高纬度、海拔 1 000 m 以下的地区，已建造多座寒区隧道，但由于这些隧道的建设年代较早，在缺乏充分研究和经验的情况下修建，后续出现了严重的病害问题。在高海拔地区，虽然在大板山隧道工程中取得了许多成果，但其解决问题的对象是季节性冻土，这对于高原多年冻土区浅埋隧道施工的借鉴意义有限。在高原多年冻土区隧道工程中，湿喷混凝土施工经验有限，鲜有以湿喷混凝土作为临时支护方式的研究。

### 1.2.2 喷射混凝土降回弹研究现状

回弹率是喷射混凝土施工过程中的一个重要指标，它反映了混凝土与基层之间的黏附性能以及施工质量。回弹率是指在喷射混凝土施工过程中，混凝土与基层之间的黏附力不足或者其他原因导致部分混凝土未能黏附在基层上而反弹回来的比例，通常用百分数表示。据调查，我国大部分隧道进行喷射混凝土施工时，回弹率为 30% ~ 50%。过高的回弹率意味着人力物力的浪费，降低喷射混凝土的回弹率随之成为世界各国待解决的难题[35]。

早在 20 世纪 80 年代，峰峰矿务局就对混凝土喷射机进行了改进，将干式喷浆改进为潮式喷浆，改进后的混凝土喷射机成功降低了粉尘浓度，并降低了喷射混凝土的回弹率[36]。1984 年，峰峰矿务局又对喷射混凝土的工艺进行了改进，确定了最佳的喷射风压、喷射设计厚度与喷射距离，喷射混凝土回弹率由 30%左右降低到 10%～13%[37]。奥地利、加拿大、苏联等国的研究表明，无机硅灰的掺入使喷射混凝土具有更大的黏结强度，从而减少了喷射混凝土的回弹损失，一次喷射厚度可达 12 in（1 in=0.025 4 m）[38]。除此之外，喷射混凝土的力学性能与抗渗性能也有不同程度的提高。1986 年之后，我国开始研发具有防尘降回弹效果的增黏剂，如 8604 黏稠剂、STC 增黏剂（表面增黏涂层剂）、丙烯酰胺-丙烯酸钠-丙烯腈共聚物增黏剂，这些外加剂对于喷射混凝土防尘降回弹都具有一定的效果[39]。德国的 Silipon SPR6 型增黏剂，虽然可使喷射混凝土回弹率降低 25%，但同时损失了 10%～20% 的早期强度[40]。日本采用马来酸-丙烯酸共聚物、聚丙烯酸钠等有机高分子材料作为有机增黏剂，对喷射混凝土回弹率也有一定的控制效果[35]。

20 世纪 90 年代，煤炭科学研究总院通过优选性能优良的速凝剂，优化喷射风压、喷射距离、水灰比、混凝土配合比等施工参数的方式，成功降低了喷射混凝土的回弹率[41]。近年来，随着混凝土喷射方式逐渐由干喷转变为湿喷，为进一步降低喷射混凝土回弹率，优化施工环境，陆续开展新型复合喷射混凝土外加剂的研发工作。2012 年，研制出的新型复合喷射混凝土外加剂由速凝剂、吸水物质、高分子聚合物组成，添加了该外加剂的喷射混凝土黏度高且后期强度大，施工过程中粉尘浓度降低了 62.9%，回弹率仅为 7.6%[42]。2021 年，研发的 ANP 促凝早强剂成功应用到玉溪至磨憨段 19 标景寨铁路隧道的施工中，在回弹率最低的拱底段，最低回弹率控制在了 2% 左右[43]。

综上所述，从材料角度考虑，向喷射混凝土中添加矿物掺合料、速凝剂与有机增黏材料可以有效降低其回弹率。

### 1.2.3 喷射混凝土耐久性能研究现状

近年来，我国在隧道建设领域采用了以喷射混凝土为核心的单层永久衬砌结构。在隧道的运营过程中，作为隧道结构主体的初期支护混凝土的耐久性，是决定其使用寿命的关键因素[44]。下面分别从防水性能、抗氯离子渗透性、抗冻性方面对喷射混凝土耐久性研究现状进行总结。

1．防水性能

防水性能的好坏直接影响到混凝土结构的耐久性。当混凝土防水性能不佳时，水分和其他有害物质容易渗透到混凝土内部，导致钢筋锈蚀、混凝土开裂等问题，从而加速混凝土结构的损坏和性能下降。这些问题不仅影响混凝土结构的外观和使用性能，还可能对结构的安全造成威胁。此外，防水性能对混凝土的抗渗透性具有重要影响。抗渗透性是混凝土耐久性的关键因素之一，它决定了混凝土抵抗水分和其他侵蚀性介质渗透的能力。良好的防水性有助于提高混凝土的抗渗透性，从而延长其使用寿命。

从20世纪70年代开始，我国铁路隧道的防水系统主要依托于以防水板作为核心组件的防水构造[45-48]。然而，从实际应用来看，该体系暴露出很多不足：防水板难以紧密贴合外层衬砌基面；漏点检测和堵漏操作均存在困难；内层衬砌浇筑时的挤压易导致防水板受损；卷材接缝多，渗漏风险点众多，修复工作也相当棘手[49]。到了20世纪末，隧道喷涂防水技术开始受到国际社会的广泛关注并逐步推广。该技术具备基面适应性好、整体性强以及施工便捷等优势，已在多国隧道中成功应用[50-55]。2013年，国际隧道协会（ITA）发布了隧道喷涂防水技术设计指南[56]，表明对该技术的认可。随后，相关技术也逐渐应用到我国隧道中，取得了较好的效果。刘波等[57]向喷射混凝土中添加了BR（丁二烯橡胶）速凝型增强防水剂，该材料在与水泥水化时反应生成无机硅胶，以达到填充细微裂痕与封水、防水的效果。宁逢伟等[58]将由有机乳液制得的防水膜与防水砂浆作为防水层，与喷射混凝土搭建成组合衬砌结构，该结构使喷射混凝土的防水性能得到显著提升。杨娟等[59]对防水膜层黏结强度的影响因素进行了研究，结果表明层间黏结强度与膜层厚度的平方根成反比；在保证喷射混凝土基面无流动水的情况下，喷射混凝土基面含水有助于提高防水膜与喷射混凝土的黏结强度。

近年来，部分学者认为，增加水泥用量可以提高喷射混凝土的防水性能，但这种方法会增加水化热，使混凝土内部产生微裂纹[60,61]；也有学者认为，在喷射混凝土中添加矿物掺合料可以提高喷射混凝土的防水性能[62,63]。高志华等[64]的研究结果表明，加入磨细矿渣可改善喷射混凝土防水性能，当其掺量为30%时，毛细吸水系数降低5%以上。张俊儒等[65]研究了将硅粉和矿粉作为复掺矿料对喷射混凝土防水性能的影响，结果发现，混凝土吸水率降低超过10%，说明复掺矿物掺合料可大幅度提高喷射混凝土的防水性能。白明举[66]分析了混凝土的抗渗机理，从微观孔隙特征角度入手，制备了一种干表观密度小于 1 950 kg/m³ 的轻骨料喷射混凝土，该混凝土具有良好的防水性能，并成功应用于喀斯特地区马尾坡隧道的渗水处置工程中。邓杰[67]、杨军等[68]向喷射混凝土中掺入聚乙烯醇（PVA）纤维，制备了高强防水喷射混凝土，当 PVA 纤维掺量为 0.5%（与胶凝材料质量比）时，喷射混凝土防水性能有较大提升。Liu 等[69]为探究影响喷射混凝土防水性能的关键因素，通过正交试验法，以喷射混凝土平均渗水高度为基准，分别研究了砂率、减水剂类型、水胶比等多个关键因素的主次影响，试验结果表明，纤维素的加入可大幅度提升喷射混凝土的防水性能。

上述研究表明，目前国内外对喷射混凝土防水性能的提升方法主要有 4 种：喷防水膜；复掺矿物掺合料；制备轻骨料喷射混凝土；外掺有机纤维材料。

2. 抗氯离子渗透性能

混凝土抗氯离子渗透性能对其耐久性具有显著影响。在海洋环境、工业污染区等氯离子含量较高的环境中，氯离子会通过混凝土的孔隙和裂缝渗透到其内部，与混凝土中的钢筋发生化学反应，导致钢筋锈蚀。钢筋的锈蚀过程会导致其有效截面积减少，从而降低其结构承载力，同时，伴随锈蚀反应产生的体积膨胀会对周围的混凝土施加压力，进而引发混凝土的开裂和剥落。此外，氯离子的渗透还会破坏混凝土的碱性环境，使混凝土中的 $Ca(OH)_2$ 溶解，导致混凝土中性化，从而降低混凝土的强度和耐久性。因此，氯离子的渗透是威胁混凝土结构耐久性的主要因素之一。

Wang 等[70]以单因素试验法分析外掺剂类型对喷射混凝土抗渗性能的影响，研究结果表明，粉煤灰可使其抗渗性能提升最大，当其掺量为 20% 时，其透气系数能降低 50% 以上。Choi 等[71]探究了粉煤灰、矿粉、硅粉三种外掺剂对喷射混凝土抗氯离子渗透性能的影响，试验结果表明，硅粉在增强喷射混凝土的抗渗性能方面效果最为突出，当掺加比例为 10% 时，混凝土电通量可下降 90% 以上。Park 等[72]的研究也发现粉煤灰或者硅粉的掺入均可较大程度地提高喷射混凝土的抗渗性能。Li 等[73]研究了纳米粒子的掺入对喷射混凝土抗氯离子渗透性能的影响，研究结果表明，仅需少量纳米粒子加入，混凝土抗氯离子渗透性能就可大幅度提升，但其成本较高。Christopher 等[74]将两种纤维加入到喷射混凝土中，分别研究了单掺和复掺的影响，研究结果表明，纤维的种类、纤维的掺入量以及复掺的比例等因素都会影响混凝土的抗渗性能，只是影响程度不同。

3. 抗冻性能

喷射混凝土的抗冻性能对其耐久性具有重要影响。在寒冷地区，特别是多年冻土区隧道洞口的喷射混凝土结构，经常会与水接触，其抗冻性能显得尤为重要。当混凝土经历冻融循环时，水分在混凝土内部的孔隙和毛细管中冻结，使得混凝土体积膨胀约 9%，从而产生巨大的压应力。当这种压应力超过了混凝土的抗拉强度时，混凝土就会出现裂缝和损伤。在冻融循环的持续作用下，混凝土结构中的裂缝将逐渐扩展，最终引发结构的破坏。此外，冻融循环还会加速喷射混凝土中钢拱架的锈蚀过程。这是因为水分在冻融循环过程中会携带氯离子等腐蚀性物质进入混凝土内部，这些物质会与钢拱架发生化学反应，导致钢拱架锈蚀。钢拱架锈蚀不仅会降低其承载能力，还会引发混凝土的膨胀开裂，进一步加剧混凝土的破坏。因此，喷射混凝土的抗冻性能直接关系到其在寒冷环境下的耐久性和安全性。提高喷射混凝土的抗冻性能，可以减少冻融循环对喷射混凝土结构的损伤，延长其使用寿命。

近年来，众多研究人员广泛开展了关于喷射混凝土抗冻性能的研究工作。袁倩男等[75]认为，气孔特征的不同是造成混凝土材料抗冻性能差异性的主要原因之一。Talukdar 等[76]的研究表明，喷射风压的变化能够影响混凝土在施工过程中的气孔变化，进而影响混凝土的抗冻性。曾鲁平等[77]、Yun 等[78]的研究显示，当采用湿喷方法时，混凝土内部的小气孔数量迅速上升，可显著提升混凝土的抗冻性能。罗彦斌等[79]采用标准冻融循环试验对喷射混凝土的耐久性进行探究，结果表明：以 C20 混凝土为例，当冻融循环次数超过 40 次后，其力学性能严重下降，抗拉强度最高可下降 60%；冻融循环次数超过 80 次后，其抗冻性已经不能满足施工规范要求。Chen 等[80]提升了混凝土的强度级别，采用快速冻融循环试验探究了 C25 喷射混凝土的抗冻性，试验结果表明，在快速冻融循环 400 次后，混凝土抗拉强度下降幅度可达 40%，抗冻性能严重降低。杨富民等[81]的研究发现，当提升混凝土的强度级别后，其抗冻性相比低强度级别混凝土有显著提升，在经过 300 次冻融循环测试后仍保持良好的力学性能。

Won 等[82,83]通过优化配合比，使用高性能添加剂和特殊施工工艺开发了适用于永久支护工程的高性能喷射混凝土，并采用标准冻融循环试验以相对动弹性模量为指标探究了其抗冻性，研究结果表明，高性能喷射混凝土具有优异的抗冻性能，经 300 次冻融循环后，其动弹性模量较未经历冻融循环时的动弹性模量提升了 80%。文献[84]、[85]的研究也证实了这一点。Choi 等[86]的研究发现，引气剂的加入使得混凝土内部形成微小气孔，起到缓冲和阻隔作用，进而提升混凝土的抗冻能力。赵喜忠[87]的研究结果也证明了这一点。Wong 等[88]从空隙特征、气泡作用以及气孔连通性等角度探究了引气剂对混凝土抗冻性的影响，并提出相应的解决措施。祝云华[89]研究发现钢纤维的加入会在混凝土内部形成网状结构，能有效释放应力，延缓开裂，提升混凝土的抗冻性能。

综上所述，喷射混凝土的抗冻性很大程度受限于喷射工艺与混凝土自身的强度级别。同时，喷射混凝土的抗冻性能与其孔结构有密切关系，掺入引气剂、钢纤维可以改善喷射混凝土的孔结构，从而提高抗冻性能。

### 1.2.4 水泥乳化沥青混合料应用研究现状

水泥乳化沥青（CEA）是一种无机-有机复合胶凝材料，与适宜级配的集料拌和后，可制成水泥乳化沥青混合料。该材料能有效降低污染物排放。同时，利用材料体系中乳化沥青破乳时释水与水泥水化时需水的特性，不仅能促进复合材料强度的发展，还兼具沥青混凝土的柔性与水泥混凝土的刚性特征。由此可见，水泥乳化沥青混合料具有节能减排、性能互补、可施工性强等突出优势[90-92]，具备优异的应用前景。

1．水泥乳化沥青在板式无砟轨道中的应用

水泥乳化沥青砂浆最初在日本和德国的高速铁路板式无砟轨道上得到应用[93]。在施工过程中，水泥乳化沥青砂浆主要需满足流动性和黏聚性这两项关键性能要求：一方面确保灌注饱满，另一方面防止施工后出现离析沉降。这两项性能直接影响材料的后期使用性能及耐久性。对于已固化并形成强度的水泥乳化沥青砂浆材料而言，其耐久性和抗冻融性能是决定服役寿命和维护成本的关键因素。

为了研发出性能优异的水泥乳化沥青砂浆，国内外学者针对其技术特性进行了系统性研究。

Tyler 等[94]通过改变水泥乳化沥青砂浆的配比，采用单轴压缩强度测试和间接拉伸强度测试等方法探究水泥乳化沥青砂浆的力学性能，同时利用扫描电镜对其微观形态进行观察,以解析水泥与乳化沥青对强度提升的交互机制。刘哲[95]通过改变环境温度,探究水泥乳化沥青砂浆在不同环境条件下的蠕变特性,研究发现,水泥乳化沥青砂浆展现出明显的黏弹性特征,其黏弹性变形受温度影响剧烈。Youjun 等[96]、Qiang 等[97,98]对水泥乳化沥青砂浆的静态黏弹性质进行了深入研究,在蠕变试验的数据基础上,构建了水泥乳化沥青砂浆的蠕变演化模型,解析了其变化过程的两步过程,并揭示了水泥乳化沥青砂浆应力松弛随温度变化的变化趋势。

2. 水泥乳化沥青在冷拌混合料中的应用

水泥乳化沥青混合料将乳化沥青、水泥、集料和外加剂等材料按比例混合成型而成的。这种材料主要用于冷拌合、冷铺设及冷再生工艺。由于水泥的水化作用需要水分参与,加入水泥能够有效加快乳化沥青的破乳过程,促进其强度形成,从而实现快速通车。与传统的热拌沥青混合料不同,水泥乳化沥青混合料在整个施工过程中无需加热,能够有效降低能耗,减少环境污染[99-102]。

国内外学者已着手开展针对水泥乳化沥青冷拌混合料的性能与应用的研究工作,并在此领域取得了一定的研究成果。

Oruc 等[103]为提升乳化沥青混合料的力学性能,将硅酸盐水泥作为外加剂掺入,并系统评价了其力学性能的提升效果,研究结果表明,水泥的水化作用可以有效提升混合料的力学性能。Xiao 等[104]也将水泥作为外加剂加入到乳化沥青混合料中,通过抗压强度、抗拉强度比等力学性能测试验证了其提升效果,并利用微观扫描技术对改性材料的形貌特征进行了解析。Li 等[105]评估了矿物填料-沥青胶浆、矿物填料-渣油胶浆及水泥-渣油胶浆的流变特性,并对其微观结构进行了分析。基于 100%再生沥青混合料的配比试验,探讨了乳化沥青和水泥对填充料孔隙率、间接抗拉强度、抗拉强度比、动稳定性及整体力学性能的影响。冷再生沥青混合料(填充料)作为一种经济且环保的路面材料,是沥青路面再生的有效选择。李军等[106]将乳化沥青冷再生混合料应用到开阳高速改扩建工程中,经过合理配比优选,乳化沥青厂拌冷再生沥青混合料具有优良的路用性能,采用连续式拌和楼生产的乳化沥青冷再生混合料可达到较好的施工效果。

综上所述,尽管水泥乳化沥青混合料已有一定的研究基础,但现有研究主要集中在板式无砟轨道与冷拌混合料的应用上。目前,水泥乳化沥青体系在喷射混凝土领域的应用研究尚属空白，尤其在恒负温环境下的多年冻土区隧道内，相关应用研究更为匮乏。

### 1.2.5 硅酸盐水泥体系负温水化的研究现状

为了确保水泥基材料在负温环境下的强度，主要采取保温防护法和掺入外加剂法[107]。前者需要大量的人力、财力、物力，而后者操作简单且成本较低。目前，国内外对于负温下水泥水化性能的研究，大多基于掺入外加剂法研究各种防冻剂对水泥水化过程的影响[107,108]。防冻剂的掺入使得负温下的水泥浆能够正常水化，但其水化性能仍与正温下存在较大的差距。已有研究表明，硅酸盐水泥水化活性受到温度的影响，尤其负温环境下的水化活性更低。胡玉兵等[109]研究了温度和外掺剂对于水泥固化的影响趋势，普通硅酸盐水泥在负温条件下成型困难，当掺入防冻剂后，其虽然可以成型，但强度增长缓慢，经完全养护后的抗压强度下降幅度高达75%。

针对此情况，国内外相关学者和工程技术人员在添加防冻剂基础上，通过掺入新的物质如水化硅酸钙（C-S-H）晶种、矿物掺合料、纳米 $SiO_2$ 等，研究其对水泥水化性能的影响。

Alzaza 等[110]研究了 C-S-H 晶种、二元抗冻混合剂（尿素和硝酸钙）对普通硅酸盐水泥水化性能的影响，发现两者的共同存在能够进一步加速水泥水化作用。杨英姿等[111]研究了矿物掺合料对负温下水泥净浆、砂浆及混凝土力学性质的影响，发现防冻剂和矿物掺合料的复合使用可为负温混凝土提供理想的界面显微结构。张思佳等[112]开发了一种包含防冻剂和早强剂的新型复合防冻剂，将其加入硅酸盐水泥中能够有效减缓水分的结冰，促进水化反应的进行，从而提升硅酸盐水泥在低温下的强度增长。Liu 等[113]发现亚硝酸钠的某种特性使其能与水分子结合形成复合分子，这种复合分子能够抑制水分子形成冰晶格，从而降低水泥浆体的结冰点，因此可以作为防冻剂使用。Demirboğa 等[114]发现尿素可降低水的冰点，同时尿素易溶于水，这使得它能够有效地在水泥中分散，可作为优异的防冻剂，当尿素掺入量超过 5%时，其对混凝土低温下的强度提升效果显著。王稷良等[115]在水泥混凝土中添加了三种无机填料作为防冻剂，以改善混凝土的低温水化性能，研究结果表明，以氯化钙作为防冻组分时，水泥混凝土 7 d 强度最高可达 10 MPa，此后混凝土强度在低温下仍增长缓慢。Karagöl 等[116]使用硝酸钙作为防冻剂，研究结果表明，硝酸钙可降低冰点，并缩短水泥在负温下的凝结时间。Wise 等[117]在研究硅酸盐水泥在低温条件下的水化行为时，将硫氰酸盐作为外加剂，研究发现，硫氰酸盐能增强水泥水化过程中的放热反应，并防止水分结冰。

综上所述，国内外学者研究了不同类型的防冻剂与早强剂对硅酸盐水泥负温水化的影响，但对于硅酸盐水泥在负温条件下的水化机理尚不明确。

## 1.3 现有研究存在的关键问题

国内外对负温水泥水化性能、水泥乳化沥青混合料应用、低回弹喷射混凝土及其耐久性能的研究已相当深入。同时，针对多年冻土区隧道开挖引发的温度场变化及围岩应力变形计算，研究者们也进行了大量探索。但仍存在以下问题亟待研究：

（1）硅酸盐水泥体系在负温环境下的水化机理尚不明确。

目前，研究人员通过在硅酸盐水泥体系中添加各类防冻剂，使得硅酸盐水泥在负温环境中可正常水化。但关于硅酸盐水泥体系在负温环境下的水化机理，仍有待进一步研究。

（2）水泥-乳化沥青复合材料应用范围有限。

水泥-乳化沥青复合材料在沥青路面冷再生混合料、高速铁路无砟轨道垫层等领域展现出其独特的优势和广泛的应用前景，然而在喷射混凝土及其他喷涂工程中的应用尚属空白。

（3）喷射混凝土施工对冻土围岩热扰动严重。

尽管湿喷混凝土技术具有诸多优势，但应用多年冻土区浅埋隧道工程中时，由于喷射混凝土水化放热量高，致使冻土围岩的稳定性难以保证。

（4）关于软弱围岩条件下衬砌结构的应力状态研究较少。

研究者们通过向喷射混凝土中添加柔性材料，旨在改善初期支护的抗变形性能及衬砌结构的应力状态，但鲜有研究以软弱围岩环境作为研究条件。

## 1.4 主要研究内容及技术路线

### 1.4.1 主要研究内容

基于上述问题，本书主要从以下 5 个方面开展研究：

(1)负温硅酸盐-铝酸盐-磷酸盐水泥体系水化机理研究。

通过调整硅酸盐水泥与铝酸盐水泥的比例,以及铝酸盐水泥与磷酸盐的比例,研究铝酸盐水泥与焦磷酸钠对硅酸盐水泥负温水化性能的影响。通过微观试验分析三元体系的水化产物和微观结构,揭示其在负温条件下的水化机制。基于此,筛选出一种能在低温环境中正常水化并凝结,且能具有较高强度的硅酸盐-铝酸盐-磷酸盐三元水泥体系。

(2)负温环境下水泥与乳化沥青的交互作用机理研究。

以负温硅酸盐-铝酸盐-磷酸盐水泥体系为水泥材料,以低冰点乳化沥青为改性材料,制备适用于负温环境下可水化硬化的水泥乳化沥青(CEA)浆体材料,并探究了 -10 ℃ 条件下水泥与乳化沥青的相互作用机理。首先,通过测试不同乳化沥青掺量下 CEA 的破乳时间和旋转黏度,结合光学显微镜图像,分析了负温环境下水泥对乳化沥青破乳过程的影响。然后,测定了 CEA 浆体的凝结时间、电阻率及扫描电子显微镜(SEM)图像,探究了负温环境下乳化沥青对水泥水化进程的影响;最后,结合羧酸盐阴离子乳化剂的红外光谱分析,揭示了阴离子乳化沥青对水泥水化进程的缓凝机理。基于上述研究结果,系统分析了负温环境下水泥与乳化沥青的相互作用机理。

(3)负温水泥乳化沥青复合胶凝材料(CEAC)喷涂性能与流变性能研究。

基于负温环境下水泥与乳化沥青的交互作用机理,开发一种适用于负温环境的水泥乳化沥青复合胶凝材料(CEAC),并研究水固比、砂胶比、乳化沥青掺量、粉煤灰替换率及 PVA 纤维掺量对其喷涂性能与流变性能的影响。通过数据拟合分析 CEAC 喷涂性能与流变参数的相关性,确定最佳配合比。根据喷涂性能与流变性能参数的关系,得出适用于负温环境中喷涂的 CEAC 的喷涂性能与流变参数范围。

(4)负温环境下乳化沥青喷射混凝土(EASC)性能研究。

为提高喷射混凝土在高海拔低气温环境下的使用性能,以 CEAC 为胶凝材料,制备可在负温环境下使用的乳化沥青喷射混凝土(EASC)。采用正交试验研究了关键配合比参数对 EASC 工作性能的影响,并优化 EASC 关键配合比参数,通过混凝土喷射试验及室内试验研究乳化沥青与 PVA 纤维对 EASC 性能的影响,结合 EASC 的扫描电子显微镜图像与孔隙结构特征,分析乳化沥青对 EASC 的改性机理,确定 EASC 中乳化沥青与 PVA 纤维的最佳掺量。

（5）EASC 初期支护下冻土围岩温度场及其抗变形性能研究。

基于围岩导热微分方程，利用 ABAQUS 有限元分析软件，对多年冻土区浅埋隧道围岩温度场进行深入研究，系统掌握了多年冻土隧道围岩温度场的变化规律。通过计算不同工况下各时间段隧道围岩融化圈的厚度，揭示了沿围岩深度方向各位置处的温度分布特征，为施工中实现"尽量减少施工对冻土围岩的热扰动"目标提供了理论依据和合理的施工措施指导。进一步通过对比研究不同工况下喷射混凝土对冻土围岩热扰动的差异性，确定了多年冻土区隧道洞口段初期支护的最佳工况。同时，依据软岩经典蠕变模型，对半刚性支护结构（EASC 初期支护）与传统刚性支护结构（普通喷射混凝土初期支护）在相同条件下的受力状态进行对比验证，深入分析了半刚性支护结构对软岩隧道衬砌结构受力状态的改善效果，从而为高原多年冻土区软岩隧道 EASC 的推广应用提供可靠的技术支撑。

### 1.4.2 技术路线

本书研究的技术路线如图 1.2 所示。

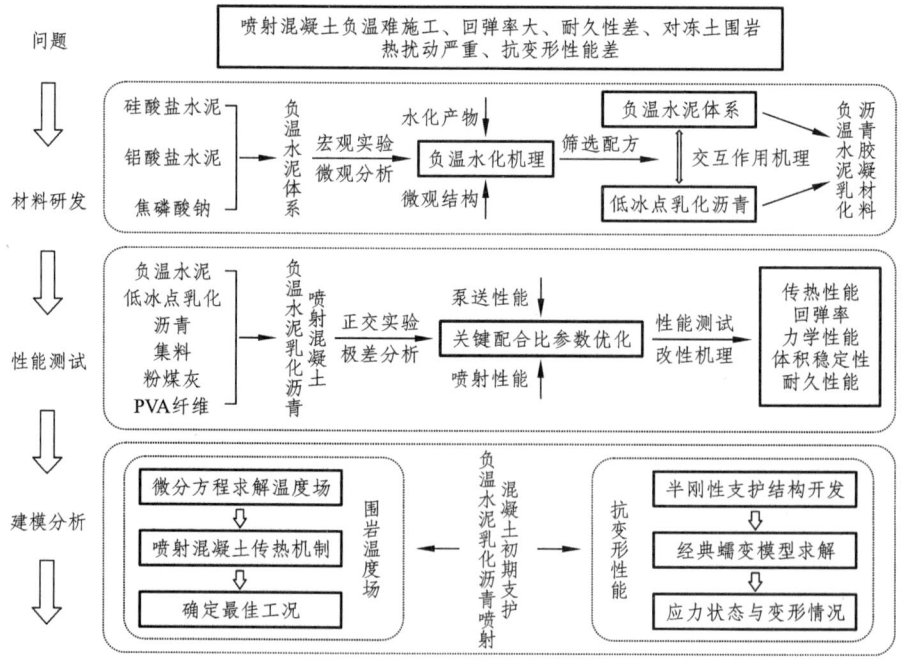

图 1.2 技术路线

# 2 负温硅酸盐-铝酸盐-磷酸盐水泥的研发及其水化机理研究

在多年冻土区进行隧道开挖作业时，为了最大限度地减少对周围冻土围岩的热扰动影响，常常选择在冬季负温条件下进行喷射混凝土施工。鉴于这一特殊环境要求，迫切需要研发出一种能够在低温环境下能有效水化的水泥材料，以确保施工质量和工程稳定性。众多研究表明，向硅酸盐水泥中掺加铝酸盐水泥和磷酸盐能够促进其凝结和硬化过程[118-120]，同时低温环境有利于钙矾石（AFt）的形成[121,122]。因此，本章以硅酸盐水泥为基础，将铝酸盐水泥和磷酸盐分别作为改性剂和促凝剂掺入，旨在利用三元体系中的相互协同与互补特征作用，以实现三元体系材料在低温环境（ $-10\ ℃$ ）下的水化凝结以及强度发展，并基于宏观测试及微观技术深入剖析硅酸盐-铝酸盐-磷酸盐三元体系在低温条件下的水化机理。

## 2.1 原材料

普通硅酸盐水泥和铝酸盐水泥的化学组成见表 2.1，其 XRD（X 射线衍射）图谱如图 2.1 所示。拌和水溶液为亚硝酸钠溶液（20%）；根据前期研究成果[123]可知，焦磷酸钠对于负温水泥的综合改性效果最好，因此选用焦磷酸钠作为本书的负温水泥促凝剂，亚硝酸钠与焦磷酸钠均为 AR 试剂，由上海阿拉丁生化科技股份有限公司提供。

表 2.1 水泥的化学组成

| 项目 | 质量百分比/% | | | | | | | | | |
|---|---|---|---|---|---|---|---|---|---|---|
| | $SiO_2$ | CaO | $Al_2O_3$ | $SO_3$ | MgO | $Fe_2O_3$ | $K_2O$ | $Na_2O$ | $TiO_2$ | LOI |
| 硅酸盐水泥 | 21.50 | 64.20 | 4.14 | 2.89 | 2.57 | 2.40 | 0.84 | 0.67 | 0.32 | 0.40 |
| 铝酸盐水泥 | 0.68 | 26.80 | 71.30 | 0.04 | 0.46 | 0.09 | 0.02 | 0.37 | 0.11 | 0.07 |

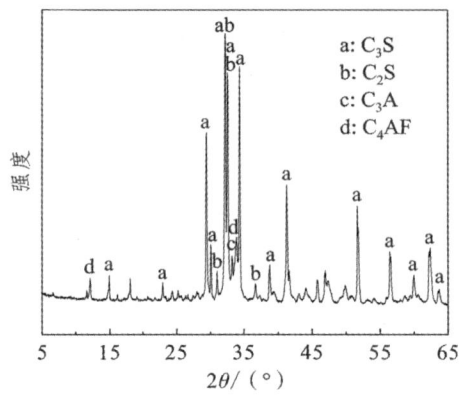

（a）硅酸盐水泥

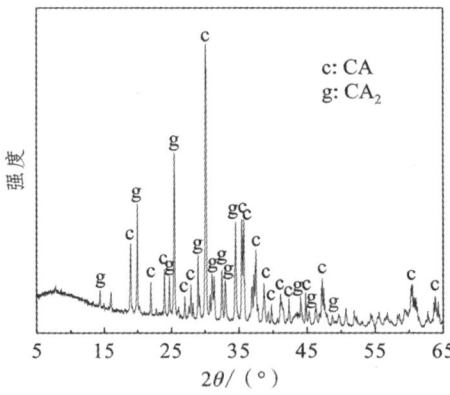

（b）铝酸盐水泥

$C_3S$—硅酸三钙；$C_2S$—硅酸二钙；$C_3A$—铝酸三钙；$C_4AF$—铁铝酸四钙；
CA—铝酸钙；$CA_2$—二铝酸钙。

图 2.1 水泥的 XRD 图谱

## 2.2 试验方法

### 2.2.1 拌和溶液及水泥净浆制备

首先称取 20 g 亚硝酸钠溶解于 100 mL 纯净水中配制亚硝酸钠溶液（20%），将其作为负温环境下的水泥净浆的拌和溶液。所有用于试验的材料和溶液在制作水泥净浆之前，需在 -10 ℃ 的低温环境中存放 48 h，以确保拌和时的温度一致。在水泥净浆制作过程中，首先，取出预先冷却的胶凝材料和焦磷酸钠，按照规定比例在混合容器中均匀混合；然后，称量适量的亚硝酸钠溶液加入混合容器，使用搅拌机低速搅拌 30 s，接着静置 30 s，再高速搅拌 2 min，以确保混合物均匀；最后，在搅拌工序完成后，立即将水泥浆体注入模具中，并迅速将其置于 -10 ℃ 的低温环境箱中进行养护，直至达到预定的养护时长。整个称量和搅拌工序必须在 10 min 内完成，以降低环境温度变化对拌和物性能的影响。

### 2.2.2 水泥凝结时间试验

参照《水泥标准稠度用水量、凝结时间、安定性检验方法》（GB/T 1346—2011）[124]，在水泥净浆制备完成后，用天平称取 500 g 水泥净浆放入圆模内，随后振动模具，并采用刮刀将表面刮平，然后将装有水泥净浆的圆模置于数显式低温恒温箱中，设定温度为 -10 ℃。以亚硝酸钠溶液加入时间作为凝结起始时间。每组试样均需进行 3 次独立测试，并将其平均值作为计算结果。同时，平行试验的可接受误差范围设定为 ±5 min。

### 2.2.3 水泥净浆抗压强度试验

水泥净浆制备完成后，称取适量样品装填在标准水泥胶砂试模中，振捣后将水泥胶砂试模置于数显式低温恒温箱中进行养护，养护 1 d 后将成型的水泥胶砂试件脱模，然后将试件表面缠上保鲜膜后继续置于数显式低温恒温箱中继续养护，在养护 1 d、3 d、7 d、28 d 时分别取出部分试件，依照《水泥胶砂强度检验方法（ISO 法）》（GB/T 17671—2021）[125]进行试验，每组测试试件为 6 个，最后取平均值作为最终试验结果。

### 2.2.4 微观分析

**1. X 射线衍射分析（XRD）**

将达到预定龄期的试件在无水乙醇中进行研磨。研磨后的粉末在无水乙醇中浸泡 48 h，以确保充分浸润。浸泡完成后，将粉末在室温下晾干后，通过 X 射线粉末衍射仪对水泥样品进行晶体物相分析。设定扫描范围为 5°~65°。

**2. 微观结构分析（SEM）**

将达到预定龄期的试件从模具中取出，并将其破碎成最大直径不超过 1 cm 的小块，然后将这些小块放置在无水乙醇中浸泡 48 h，以确保试件表面充分润湿。浸泡后，试件在室温环境下自然干燥，随后转移到真空环境中进行保存，以备后续试验使用。在进行微观形貌观察时，从干燥的试样中截取一个断面，并对其表面进行喷金处理，以增强其在电子显微镜下的对比度和信号强度。使用扫描电子显微镜对水泥样品断面进行观察。在观察过程中，设定加速电压为 20 kV，以获得清晰的微观形貌图像。

## 2.3 SAP 体系的试验方案

由于不同厂家生产的水泥种类不同，硅酸盐-铝酸盐复合水泥体系的水化凝结现象不尽相同，有研究表明[118-120]，将部分比例硅酸盐水泥（15%~25%）替换为铝酸盐水泥时，会使得复合体系的凝结速率加快。因此，本研究基于前人研究的基础上，将部分硅酸盐水泥等比例替换为铝酸盐水泥，同时加入焦磷酸钠为促凝剂，开发出新型三元混合体系（SAP 体系）水泥材料，并探究其在负温条件下的水化特性。SAP 体系的具体设计配比见表 2.2。

表 2.2 SAP 体系配比

| 编号 | 试验配比/% | | |
|---|---|---|---|
| | 硅酸盐水泥 | 改性剂（铝酸盐水泥） | 促凝剂（焦磷酸钠） |
| $S_9A_1P_1$ | 90 | 10 | 1 |
| $S_9A_1P_3$ | 90 | 10 | 3 |

续表

| 编号 | 试验配比/% | | |
|---|---|---|---|
| | 硅酸盐水泥 | 改性剂（铝酸盐水泥） | 促凝剂（焦磷酸钠） |
| $S_8A_2P_1$ | 80 | 20 | 2 |
| $S_8A_2P_3$ | 80 | 20 | 6 |
| $S_7A_3P_1$ | 70 | 30 | 3 |
| $S_7A_3P_3$ | 70 | 30 | 9 |
| OPC | 100 | 0 | 0 |

注：$S_7A_3P_3$ 表示硅酸盐水泥:铝酸盐水泥=7:3，焦磷酸钠:铝酸盐水泥=3:10。其余同理。

## 2.4 SAP 体系的凝结时间和抗压强度

### 2.4.1 凝结时间

本节通过改变硅酸盐水泥与铝酸盐水泥的比例以及焦磷酸钠与铝酸盐的比例制备复合材料体系，并对不同配比材料在负温下（-10 ℃）的凝结时间进行测试，测试结果见表2.3。

表 2.3　-10 ℃ 环境下 SAP 体系的凝结时间　　单位:min

| 水泥体系 | OPC | $S_9A_1P_1$ | $S_9A_1P_3$ | $S_8A_2P_1$ | $S_8A_2P_3$ | $S_7A_3P_1$ | $S_7A_3P_3$ |
|---|---|---|---|---|---|---|---|
| 初凝时间 | — | 560 | 250 | 360 | 170 | 200 | 90 |
| 终凝时间 | — | 780 | 320 | 520 | 230 | 280 | 130 |

注："—"表示经过72 h的养护时间后，水泥净浆仍未出现水化凝结现象。

根据表2.3，纯硅酸盐水泥体系（OPC）在72 h内未达到凝结状态，表明在低温环境下，单独的硅酸盐水泥几乎无法进行水化凝结。随着铝酸盐水泥和焦磷酸钠的掺入，SAP体系的凝结时间显著缩短，这表明铝酸盐水泥和焦磷酸钠的配比对低温条件下水泥浆体的水化进程具有重要影响。

在本试验中，采用20%亚硝酸钠溶液作为防冻剂，以确保在-10 ℃

的条件下拌和水溶液不会发生冻结。尽管亚硝酸钠对硅酸盐水泥具有一定的水化促进作用，但由于负温环境对水化的抑制，OPC 在 72 h 内仍未发生凝结硬化。在 −10 ℃ 的条件下，硅酸盐水泥的水化作用几乎完全停止，因此水泥长时间保持在浆体状态。

在 −10 ℃ 的条件下，随着 SAP 体系中铝酸盐水泥含量的增加，水泥的凝结时间显著缩短，并且初凝和终凝之间的时间差也相应减少。例如，当铝酸盐水泥掺量从 10% 增加到 30% 时，$S_9A_1P_1$ 与 $S_7A_3P_1$ 相比，其初凝时间与终凝时间分别从 560 min 和 780 min 缩短至 200 min 和 280 min，即初凝与终凝时间差从 220 min 降至 80 min。相关研究表明[126]，当铝酸盐水泥掺量超过 20% 时，可能导致硅酸盐水泥快速凝结，这表明铝酸盐水泥掺量对水泥的凝结过程具有显著影响，其对于优化水泥基材料的性能至关重要。在 −10 ℃ 的低温环境下，即使铝酸盐水泥的掺量超过 30%，水泥也不会发生快速凝结，但凝结时间仍然显著缩短，这表明虽然低温抑制了快速凝结现象的发生，但铝酸盐水泥的加入仍对加速水泥的凝结过程起到了重要作用。

在 −10 ℃ 的低温条件下，焦磷酸钠掺入量的增加显著缩短了 SAP 体系的凝结时间。具体来说，当焦磷酸钠的掺量从铝酸盐水泥用量的 10% 增加到 30% 时，$S_9A_1P$ 体系的初凝时间和终凝时间分别从 560 min 和 780 min 缩短至 250 min 和 320 min，凝结时间缩短了 50% 以上。此外，焦磷酸钠掺量的增加也显著减少了初凝和终凝之间的时间间隔。例如，在 $S_7A_3P$ 体系中，当焦磷酸钠的掺量从铝酸盐水泥用量的 10% 增加到 30% 时，初凝和终凝时间的时间差从 80 min 缩短到了 40 min。这些结果表明，焦磷酸钠的掺入量是影响 SAP 混合水泥体系凝结特性的关键因素。

综上所述，在 −10 ℃ 环境下，不同硅酸盐水泥与铝酸盐水泥比例及焦磷酸钠掺量对 SAP 体系的凝结时间有显著影响。测试结果表明，随着铝酸盐水泥含量的增加，SAP 体系的初凝和终凝时间大幅缩短，凝结进程加快，且初凝与终凝的时间差也有所减少。此外，焦磷酸钠掺量的增加也加速了 SAP 体系的凝结过程，且铝酸盐水泥的掺量越高，焦磷酸钠的促凝效果越显著。

### 2.4.2 抗压强度

图 2.2 所示为 SAP 体系在不同龄期下的抗压强度测试结果,反映了铝酸盐水泥与焦磷酸钠对 SAP 体系凝结速率及力学性能的影响。

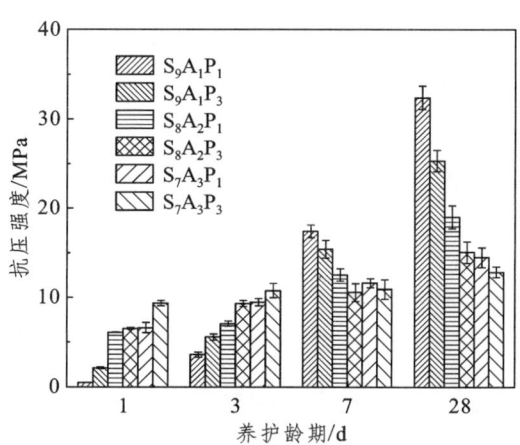

图 2.2 －10 ℃ 环境下 SAP 体系抗压强度随养护龄期的发展

从图 2.2 可以看出,SAP 体系的早期抗压强度随着铝酸盐水泥含量的增加而提高。具体来说,在养护 1 d 时,含有 10% 铝酸盐水泥的 $S_9A_1P_1$ 体系的抗压强度只有 0.5 MPa,而含有 30% 铝酸盐水泥的 $S_7A_3P_3$ 体系的抗压强度则能高达 9.35 MPa。这表明铝酸盐水泥含量的增加显著提高了 SAP 体系的 1 d 抗压强度。然而,当养护 3 d 时,$S_9A_1P$ 体系的抗压强度有所上升,不同铝酸盐水泥含量的试件之间的抗压强度差异较小。

在养护后期,SAP 体系的抗压强度随着铝酸盐水泥含量的增加而降低。当养护 7 d 时,$S_9A_1P$ 体系的抗压强度有显著提高,而铝酸盐水泥含量较高的 $S_8A_2P$ 和 $S_7A_3P$ 体系的强度增长则相对缓慢,抗压强度均低于 $S_9A_1P$ 体系。当养护 28 d 时,$S_9A_1P$ 体系展现出良好的后期强度发展,其 28 d 抗压强度达到了 32.4 MPa,相比之下,$S_7A_3P$ 体系的抗压强度增长则趋于停滞,28 d 抗压强度相较于 7 d 时仅有约 17% 的增长。这表明,虽然铝酸盐水泥的增加有助于 SAP 体系在养护初期获得较高的抗压强度,但对后期强度的增长却是不利的,7 d 至 28 d 的抗压强度增幅随着铝酸盐水泥含量的提高而显著降低。

此外,焦磷酸钠的掺入可以在早期阶段略微提高 SAP 体系的抗压强度。这是因为焦磷酸钠的加入缩短了 SAP 体系的凝结时间,使得 SAP 体系在生成一定水化产物后,有利于水泥的水化反应迅速进行,从而在养护 1 d 时提高了水泥的抗压强度。然而,随着水化反应的持续进行,焦磷酸钠的加入逐渐对 SAP 体系抗压强度的增强产生了抑制作用,并且这种抑制效果随时间延长愈加明显。在 $S_9A_1P$ 体系中,焦磷酸钠掺量从铝酸盐水泥的 10%增加至 30%时,28 d 抗压强度从 32.4 MPa 下降至 25.3 MPa。

综上所述,铝酸盐水泥在 SAP 体系中能够显著促进早期抗压强度的提高,但随着掺量的增加,强度增长速度逐渐减缓。虽然焦磷酸钠在初期通过加速凝结提高了 SAP 体系的抗压强度,但在后期养护阶段,对 SAP 体系的抗压强度的增长产生了显著的抑制作用。

## 2.5 SAP 体系的水化产物组成分析

水泥的水化反应是混凝土强度和耐久性形成的关键因素,水泥水化的速率和产物特性在低温环境下会受到显著影响。基于此,本节通过 X 射线衍射分析,对不同配比、不同养护龄期的水泥样品进行微观测试,以探究两种外掺剂在不同养护龄期下的协同效应,深入分析其对水化产物的影响机制。

$SAP_1$ 和 $SAP_3$ 水泥样品在负温条件下养护 1 d 后测得的 XRD 衍射结果如图 2.3 所示。

从图 2.3 可以看出,铝酸钙和二铝酸钙的特征衍射峰强度随铝酸盐水泥含量的增加而逐渐增大,这表明水化反应更为活跃,尤其是经 1 d 的水化养护后,所有样品中均能观察到亚硝基水化硫铝酸钙(NO$_2$-AFm)的特征峰,这与亚硫酸钠溶液作为防冻剂有关。具体来说,这是因为亚硫酸钠溶液中生成的亚硝酸根阴离子($NO_2^-$)导致了 $Ca_4Al_2(NO_2)_2(OH)_{12} \cdot 4H_2O$ 的形成。这一过程不仅丰富了水化产物的种类,也为后续强度发展提供了良好基础[127]。从图中还可以看到,当样品中焦磷酸钠含量相同时,NO$_2$-AFm 的 X 射线衍射峰强度随铝酸盐水泥的比例的增加而增大,同时硅酸三钙和硅酸二钙的特征峰也逐渐减小。这一现象表明,硅酸盐水泥的水化反应受铝酸盐水泥加入的影响,其活性铝离子的释放增强了水化反应,产生了更多有利于强度发展的水化产物促进了更多水化产物的形成，尤其是有助于提高早期强度的 $NO_2$-AFm。此外，当保持铝酸盐水泥含量不变时，$NO_2$-AFm 的衍射峰值受焦磷酸钠掺量的影响，掺量越大，其衍射峰强度越高。这说明焦磷酸钠的加入改善了离子在水泥浆体中的移动性，从而加快了水化反应的速率。这种促进效应不仅提高了 1 d 内水化产物的生成量，也显著增强了 SAP 体系的早期强度。这些发现与图 2.2 的分析结果一致。水泥样品的早期强度受 $NO_2$-AFm 的生成量的影响，其生成量越多，早期强度也就越大。

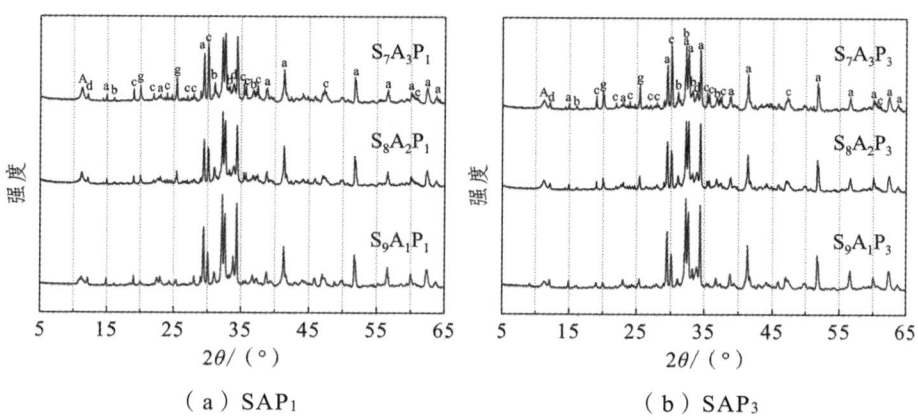

（a）$SAP_1$　　　　　　　　（b）$SAP_3$

a—硅酸三钙（$Ca_3SiO_5$，$C_3S$）；b—硅酸二钙（$Ca_2SiO_4$，$C_2S$）；c—铝酸钙（$CaAl_2O_4$，CA）；d—铁铝酸四钙（$Ca_4Fe_2Al_2O_{10}$，$C_4AF$）；g—二铝酸钙（$CaAl_4O_7$，$CA_2$）；A—$NO_2$-AFm。

图 2.3　-10 ℃ 环境下养护 1 d 时 $SAP_1$ 和 $SAP_3$ 体系的 XRD 衍射图

$SAP_1$ 和 $SAP_3$ 水泥样品在负温下养护 7 d 后测得的 XRD 衍射结果如图 2.4 所示。

从图 2.4 中可以看出，随着低温养护的进行，硅酸三钙和硅酸二钙的衍射峰强度表现出逐步减弱的趋势，$NO_2$-AFm 相的衍射峰强度逐渐增强，这表明低温条件下两个水泥样品的水化反应的速率较慢，但仍在缓慢水化，$NO_2$-AFm 的形成显著促进了水化产物的积累。与图 2.3 进行对比发现，所有水化产物的衍射峰强度变化较为平缓，表明经过 7 d 养护后，样品水化程度并未达到预期的高水平，其仍然受低温环境的影响。当样品中焦磷酸钠含量相同时，$NO_2$-AFm 的 X 射线衍射峰强度随铝酸盐水泥的比例的增加而增大，$NO_2$-AFm 衍射峰强度随铝酸盐水泥含量的增加而逐渐减小，这一现象表明铝酸盐水泥的掺量与 SAP 体系水化速率之间的复杂关系是由于水化反应的竞争机制。当保持铝酸盐水泥含量不变时,焦磷酸钠的含量对 $NO_2$-AFm 生成量的影响较小,但对于焦磷酸钠含量高的样品,$SAP_3$ 水化进展缓慢。样品 $SAP_3$ 的硅酸三钙和硅酸二钙的衍射峰强度高于低焦磷酸钠含量的样品 $SAP_1$,这是由于焦磷酸钠中含有的磷酸根离子与水泥中的钙离子和铝离子发生竞争,从而影响了水化反应的进行。

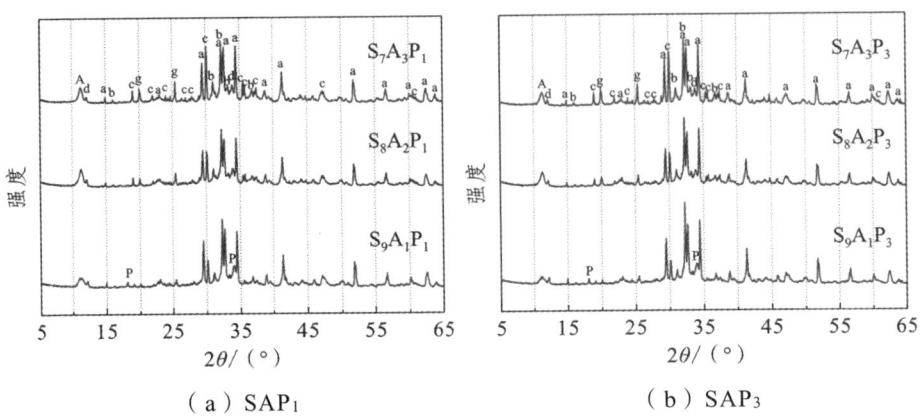

a—硅酸三钙($Ca_3SiO_5$,$C_3S$); b—硅酸二钙($Ca_2SiO_4$,$C_2S$); c—铝酸钙($CaAl_2O_4$,CA); d—铁铝酸四钙($Ca_4Fe_2Al_2O_{10}$,$C_4AF$); g—二铝酸钙($CaAl_4O_7$,$CA_2$); A—$NO_2$-AFm; P—氢氧化钙($Ca(OH)_2$)。

图 2.4  -10 ℃ 环境下养护 7 d 时 $SAP_1$ 和 $SAP_3$ 体系的 XRD 衍射图

此外,在图中可以发现,$S_9A_1P_1$ 和 $S_9A_1P_3$ 体系的衍射图谱中出现了 $Ca(OH)_2$ 的特征衍射峰($Ca(OH)_2$ 是硅酸三钙水化反应的重要标志)。这一现象说明,硅酸三钙的水化反应受到温度的限制,温度越低其反应速率越慢,因此,直至低温养护 7 d 后才出现 $Ca(OH)_2$,这表明硅酸盐水泥的水化程度仍然较低。铝酸盐水泥的含量过高也会抑制硅酸三钙的水化反应,在 $S_8A_2P$ 和 $S_7A_3P$ 的衍射图中都观察到 $Ca(OH)_2$ 的衍射峰,这是因为铝酸盐水泥在水化初期优先消耗了水分和反应性离子,导致可用于硅酸三钙水化的条件受到限制,同时在低温环境下,分子运动减缓,水泥颗粒之间的接触和反应速率显著降低,进一步减少了水化反应的整体进展[128]。

$SAP_1$ 和 $SAP_3$ 水泥样品在负温下养护 28 d 后测得的 XRD 衍射结果如图 2.5 所示。

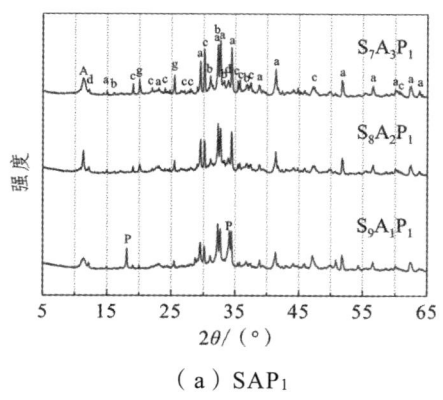
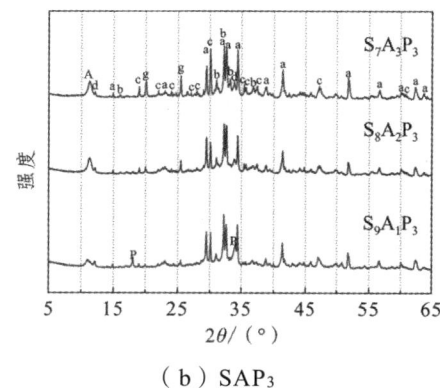

(a) SAP$_1$  (b) SAP$_3$

a—硅酸三钙（Ca$_3$SiO$_5$，C$_3$S）；b—硅酸二钙（Ca$_2$SiO$_4$，C$_2$S）；c—铝酸钙（CaAl$_2$O$_4$，CA）；d—铁铝酸四钙（Ca$_4$Fe$_2$Al$_2$O$_{10}$，C$_4$AF）；g—二铝酸钙（CaAl$_4$O$_7$，CA$_2$）；A—NO$_2$-AFm；P—氢氧化钙（Ca(OH)$_2$）。

图 2.5  $-10\ ℃$ 环境下养护 28 d 时 SAP$_1$ 和 SAP$_3$ 体系的 XRD 衍射图

从图 2.5 可以看出，随着低温养护的进行，所有水泥样品的硅酸三钙衍射峰逐渐减小，表明样品一直在进行水化反应，低温虽然显著抑制了水化反应的速率，但并未完全阻断水泥的水化过程，证明了 SAP 水泥体系在寒冷环境下的适应性。然而，铝酸钙的衍射峰强度几乎未发生变化，且 CAH$_{10}$、C$_2$AH$_8$、C$_3$AH$_6$ 这些典型铝酸盐水化特征产物的晶相特征衍射峰并未出现，说明在三元体系中，铝酸盐水泥的水化效率受到限制，难以形成预期的水化产物[126,128,129]。

进一步分析可知，当样品中焦磷酸钠含量相同时，硅酸三钙的特征衍射峰强度随着铝酸盐水泥掺量的减少而相应减弱，尤其是在 S$_9$A$_1$P 体系中样品中硅酸三钙的特征衍射峰的强度在 28 d 养护后大幅度减小，这表明在低温条件下硅酸盐水泥的水化反应相对增强，与前文抗压强度的结果相符。相比之下，S$_7$A$_3$P 体系的硅酸三钙衍射峰强度在 28 d 时与 7 d 时相比变化不大，反映出该体系的水化进程相对缓慢，这一现象也与前文抗压强度的结果相呼应，说明高铝酸盐水泥掺量抑制了水泥的水化进程，从而影响了最终的强度发展。在 28 d 养护周期结束后，SAP 体系中的 NO$_2$-AFm 的特征衍射峰强度与养护 7 d 相比有了明显增加。其中，NO$_2$-AFm 的生成量在 S$_8$A$_2$P 体系样品中达到了最高水平，极大提升了其 28 d 时的强度。与此同时，可以看到，S$_9$A$_1$P 体系中 Ca(OH)$_2$ 的衍射峰强度在 28 d 后也有所增加，表明其水化反应程度较高。在保持铝酸盐水泥掺量不变的前提下，焦磷酸钠掺量的增加对水化产物的生成产生抑制作用，导致较高焦磷酸钠掺量的 SAP 体系在抗压强度测试中表现不佳。

综上所述，铝酸盐水泥在 SAP 体系中的掺入对硅酸盐水泥的早期水化有积极作用，特别是在养护 1 d 后能促进 $NO_2$-AFm 的生成。然而，随着养护时间的延长，这种正面效应逐渐减弱，反而对后期水化产物的形成产生了抑制影响。试验结果显示，当铝酸盐水泥的掺量提升至 20% 和 30% 时，三元体系在 28 d 的养护周期结束后中仍未检测到 $Ca(OH)_2$ 的特征衍射峰，表明高比例铝酸盐水泥的掺入会显著降低水化产物的生成能力；相反，当铝酸盐水泥在掺量为 10% 时，$Ca(OH)_2$ 的特征峰在水化 7 d 时已被观察到，说明较低的铝酸盐水泥比例有助于促进水泥的水化过程，与此同时，焦磷酸钠的掺加在水化初期同样表现出促进作用，能够有效加快水泥的凝结和水化产物的形成。然而，试验结果也表明，随着水化进程的推进，高掺量的焦磷酸钠会减少水化产物的生成量。这种现象与焦磷酸钠在水化反应中所形成的复杂相互作用有关，尤其是在与铝酸盐水泥共存会影响了水泥的反应动力学。

## 2.6　SAP 体系硬化结构的微观特性

采用扫描电子显微镜观察了低温下养护 7 d 后 $SAP_1$ 体系水泥试样截断面形貌，如图 2.6 所示。

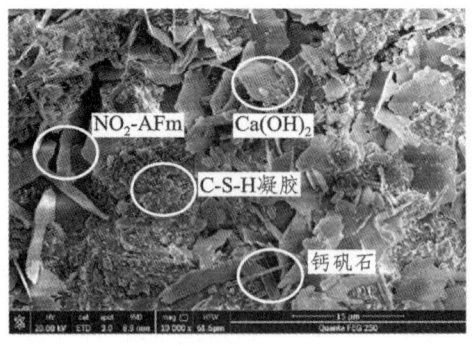

（a）$S_9A_1P_1$

（b）$S_8A_2P_1$

（c）$S_7A_3P_1$

图 2.6　$SAP_1$ 体系在 -10 ℃下养护 7 d 后的 SEM 图像

图 2.6（a）所示为 $S_9A_1P_1$ 水泥试样的微观形貌图，从图中可以看到，虽然水泥颗粒的水化尚未完全，但已可明显察觉到少量的絮状结构的水化硅酸钙（C-S-H）凝胶，以及具有针状或棒状形态的 AFt 结晶体。C-S-H 凝胶作为水泥水化的主要生成物，能填充水泥颗粒表面的孔隙，提高结构的密实度。AFt 晶体的出现则表明在低温条件下，虽然水化反应的速率相对较慢，但 AFt 晶体依然能够部分生成，为微观结构的强度贡献力量。在水泥颗粒间隙中，观察到存在翘曲和边缘不规则的板状晶体，这些晶体被鉴定为 $NO_2$-AFm[127]。此外，图像显示了分布分散的六角棱状的 $Ca(OH)_2$ 晶体特征结构，这些结构之间具有明显的孔隙，说明其未分布均匀。相比之下，图 2.6（b）的 $S_8A_2P_1$ 水泥试样和图 2.6（c）的 $S_7A_3P_1$ 试样中出现了大量板状的不规则 $NO_2$-AFm 晶体结构，其通过相互堆叠填充了未水化水泥颗粒的间隙，使水泥形成致密结构。尽管在这

些晶体的边缘仍可见一些 C-S-H 凝胶，但并未发现 Ca(OH)$_2$ 的特征结构，这表明在这些试样中，NO$_2$-AFm 晶体的生成和堆积是影响结构致密性和强度的重要因素，而 Ca(OH)$_2$ 的缺乏对微观结构的完整性和强度发展产生一定的限制。该现象与 XRD 中的分析相符合。经过低温养护 7 d 后，水泥试样的强度主要是依赖于 NO$_2$-AFm 晶体和 C-S-H 凝胶结构，由于 NO$_2$-AFm 晶体间存在孔隙以及层状堆叠的原因，其提升强度效果有限。而 S$_9$A$_1$P$_1$ 水泥试样中较大的 Ca(OH)$_2$ 晶体穿插于 NO$_2$-AFm 晶体和 C-S-H 凝胶结构层之间，进一步增强了微观结构的紧密性，这种结构的优化在养护 28 d 时显著提升了抗压强度。Ca(OH)$_2$ 晶体的形成在低温条件下对 SAP 体系后期强度的发展起到了关键作用。

SAP$_1$ 体系水泥试样在低温下养护 28 d 后的断面 SEM 图像如图 2.7 所示。

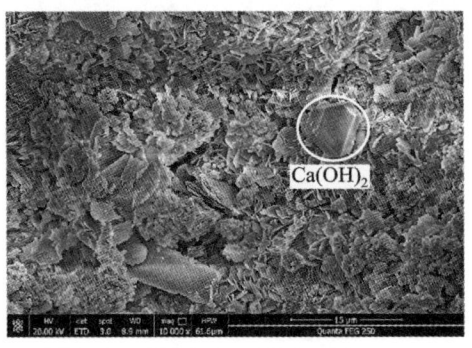

（a）S$_9$A$_1$P$_1$

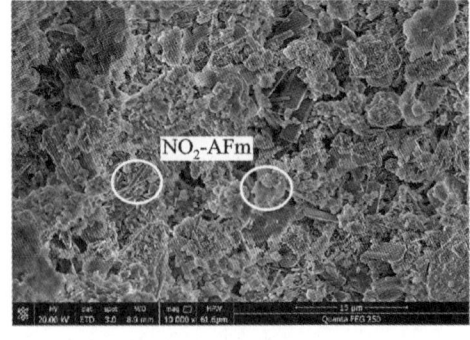

（b）S$_8$A$_2$P$_1$

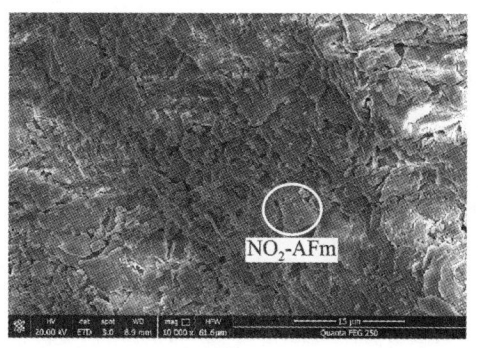

(c) $S_7A_3P_1$

图 2.7　SAP$_1$ 体系在 -10 ℃下养护 28 d 后的 SEM 图像

对于图 2.7（a）所示的 $S_9A_1P_1$ 水泥试样，经过 28 d 的低温养护后，在图像中观察到大量发育中的 $Ca(OH)_2$ 特征晶体结构，同时呈现出相互搭接和交叉生长的特征。此外，$Ca(OH)_2$ 晶体结构不仅在数量上有显著增加，而且晶体的完整性也得到了提升，这也是其强度提高的主要原因之一。图 2.7（b）中的 $S_8A_2P_1$ 水泥试样养护 28 d 后的 $NO_2$-AFm 晶体数量较 7 d 时增加显著，且晶体分布更均匀，表明其一直在进行水化反应。相对而言，图 2.7（c）中的 $S_7A_3P_1$ 水泥试样的水化产物特征则不太理想，样品中层状的 $NO_2$-AFm 晶体堆叠相对松散，层间存在大量的缝隙，且未观察到新水化产物的出现。这表明从 7 d 到 28 d 的水化过程中，样品的水化反应出现了停滞，导致其抗压强度几乎没有增长，这也表明在铝酸盐水泥掺量较高的 SAP 体系中，水化反应受到抑制，导致强度的提升受到限制。

综上所述，可以得出以下结论：低掺量的铝酸盐水泥能够促进早期水化产物的性能。如 $S_9A_1P_1$ 水泥试样在养护 7 d 后就可观察到 $Ca(OH)_2$ 晶体的产生，这些晶体不仅在初期水化过程中起到了增强微观结构的作用，更在接下来的 21 d 里持续发展和聚集；到养护 28 d 时，形成的 $Ca(OH)_2$ 晶体交错生长，构建出一个相对紧密的微观网络结构，极大提升了样品在 28 d 的抗压强度，为水泥的强度和耐久性提供了坚实基础。但当铝酸盐水泥掺量过高时，会对水泥的后期水化产生抑制效果。如 $S_7A_3P_1$ 在相同的水化时间段内的水化程度相对一般，虽然在 7 d 时也有 C-S-H 凝胶和 $NO_2$-AFm 晶体生成，但在接下来的 21 d 里，水化产物的数量却显著不足，导致其微观结构的致密性未能得到有效增强，尤其是 $NO_2$-AFm 晶体之间的连接相对松散，使得其在 28 d 的抗压强度几乎没有明显提高，显示出水化进程的停滞。

## 2.7 本章小结

本章以硅酸盐水泥为基础，将铝酸盐水泥和焦磷酸钠分别作为改性剂和促凝剂掺入，旨在利用三元体系中的相互协同与互补特征作用，以实现三元体系材料在负温下的水化凝结以及强度发展，并基于宏观测试及微观技术深入剖析硅酸盐-铝酸盐-磷酸盐三元体系在低温条件下的水化机理。基于试验结果，可以得出以下结论：

（1）硅酸盐-铝酸盐-磷酸盐三元体系在低温（-10 ℃）养护下的凝结时间受铝酸盐水泥和焦磷酸钠掺量的影响显著，随两种成分含量的增加，凝结时间与初终凝时间间隔明显缩短。

（2）促凝剂焦磷酸钠的掺入对 SAP 体系的早期抗压强度的提升也表现出积极的效果，其经过 1 d 低温养护后的抗压强度明显提升，但随着养护时间的延长，焦磷酸钠对抗压强度的促进作用开始减弱，甚至表现出抑制效应。铝酸盐水泥的掺量也密切影响样品的抗压强度，铝酸盐水泥含量越高，低温养护 3 d 内的抗压强度也越高，但是这种积极的影响在后期水化过程中逐渐减弱。

（3）适量铝酸盐水泥与焦磷酸钠的掺入能够有效促进 SAP 体系的水化进程，根据 XRD 衍射图谱，在 $S_9A_1P$ 体系中检测到了 $Ca(OH)_2$ 特征结构的形成，而在其他掺量条件下，水化产物主要是由 $NO_2$-AFm 晶体和 C-S-H 凝胶组成。铝酸盐水泥与焦磷酸钠的掺入在 SAP 早期水化中发挥了促进作用，但在后期却显现出抑制效应，影响了整体的强度发展。

（4）SEM 图像结果表明，铝酸盐水泥能够促进早期水化产物的形成，$S_9A_1P_1$ 试样在养护 7 d 后就可观察到 $Ca(OH)_2$ 晶体的产生，其起到了增强微观结构的作用，使得样品在 28 d 的抗压强度极大提升，为水泥的强度和耐久性提供了坚实基础。而铝酸盐水泥掺量较高的 $S_7A_3P_1$ 则由于水化产物的不足使得水泥强度没有明显的提高。

# 3 负温环境下水泥与乳化沥青的交互作用机理研究

在多年冻土区隧道洞口段进行喷射混凝土施工时，由于水泥水化放热会向冻土围岩传递大量热量，可能导致围岩融化、坍塌，因此需要严格控制水泥水化放热速率。本章通过向负温水泥体系中添加低冰点乳化沥青，制备 CEA 浆体，利用乳化沥青破乳吸热与低弹性模量特性，以达到延缓水泥水化放热、降低弹性模量的目的。CEA 是一种由水泥基材料与乳化沥青组成的半柔性道路建筑材料。在 CEA 中，水泥与乳化沥青之间存在着复杂的交互作用，这种交互作用对 CEA 浆体及其混合料的基本性能产生显著影响。探明水泥与乳化沥青的交互作用有助于调控其性能，并为其在工程应用中的选择提供依据。基于此，首先制备可在负温环境下使用的 CEA 浆体材料，然后根据 CEA 浆体的破乳时间与旋转黏度测试结果，结合 CEA 浆体的光学显微镜图像，分析水泥对乳化沥青破乳过程的影响；随后通过测试 CEA 浆体的凝结时间、电阻率与微观形貌，结合乳化剂的官能团特征，分析乳化沥青对水泥水化的缓凝机理；最后总结负温环境下水泥与乳化沥青的交互作用机理。

## 3.1 原材料

为保证胶凝材料在负温环境下得到足够早期强度的同时,尽量降低铝酸盐水泥给整个水泥体系带来大量的水化热，选用表 2.2 中 $S_9A_1P_3$ 为本研究所用的负温水泥。乳化沥青为羧酸盐类乳化剂与热熔态基质沥青剪切制得，其技术指标见表 3.1。拌和水溶液同 2.2.1 节。醋酸钙为 AR 试剂。

表 3.1 乳化沥青技术指标

| 实验项目 | | 质量指标 | 测试方法 |
|---|---|---|---|
| 蒸发残留物含量/% | | 50.1 | T0651 |
| 破乳速度 | | 快裂 | T0658 |
| 粒子电荷 | | 阴离子 | T0653 |
| 与粗集料黏附性 | | ≥2/3 | T0654 |
| 蒸发残留物性质 | 针入度（25 ℃）/0.1 mm | 66.7 | T0604 |
| | 软化点/℃ | 54.0 | T0606 |
| | 延度（15 ℃）/cm | >150 | T0605 |
| | 溶解度/% | 98 | T0607 |

## 3.2 水泥乳化沥青浆体（CEA）的制备

### 3.2.1 低冰点乳化沥青的制备

由于在隧道衬砌结构中，钢拱架、钢丝网、二次衬砌中的钢筋及其他钢结构会因混凝土冻融循环受到氯离子的侵蚀作用，因此本节选用有机类盐作为制备低冰点乳化沥青的低冰点盐研究表明，将醋酸钙作为低冰点盐添加到乳化沥青中，其冰点最低可达 -25 ℃[130]。因此，本节选用固体醋酸钙作为制备低冰点乳化沥青的低冰点盐。具体制备步骤如下：称取一定质量的乳化沥青，使用磁力搅拌器以 500 r/min 的转速机械搅拌 3 min；然后加入质量占比为 8% 的固体醋酸钙，充分混合均匀，制得低冰点乳化沥青。对制得的低冰点乳化沥青的进行技术指标测试，测试结果见表 3.2。

表 3.2 低冰点乳化沥青技术指标

| 破乳速度 | 粒子电荷 | 平均粒径/μm | 冰点 |
|---|---|---|---|
| 快裂 | 阴离子 | 1.7 | -10 ℃不结冰 |

### 3.2.2 CEA 浆体的制备

表 3.3 为各组 CEA 浆体的试验配比。首先，按照比例称取各材料，并将水倒入水泥净浆搅拌锅中；随后，将水泥放入搅拌锅中，启动搅拌

机，先以低速搅拌 120 s，再以高速搅拌 120 s，此时得纯水泥浆体；最后，向水泥浆体中加入按比例称量好的乳化沥青，重复上述搅拌过程，即可制得 CEA 浆体。将纯水泥浆体以及含有质量比（纯水泥浆体与胶结料的固体质量比，后同）分别为 2.5%、5%、7.5%、10% 乳化沥青的水泥浆体分别记为 CEA-0、CEA-2.5、CEA-5、CEA-7.5、CEA-10。

表 3.3　试验配比（固体质量比）

| 组别 | 水泥 | 乳化沥青 | 水 |
|---|---|---|---|
| CEA-0 | 1 | — | 0.4 |
| CEA-2.5 | 1 | 0.025 | 0.387 5 |
| CEA-5 | 1 | 0.05 | 0.375 |
| CEA-7.5 | 1 | 0.075 | 0.362 5 |
| CEA-10 | 1 | 0.1 | 0.35 |

注：本研究中乳化沥青的固含量约为 50%，因此掺有乳化沥青的水泥浆体的外加水量为总用水量减去乳化沥青中的水。

## 3.3　试验方法

### 3.3.1　破乳时间

参照《公路工程沥青及沥青混合料试验规程》（JTG E20—2011）[131]中的 T0753 稀浆混合料破乳时间试验，测定 CEA 浆体中乳化沥青的破乳时间。具体操作流程如下：将 CEA 浆体试样置于 -10 ℃ 的环境中进行成型处理。每间隔 30 s，使用一块吸水性良好的白色纸巾轻轻按压浆体表面，以检测乳化沥青的破乳情况。若按压后的纸巾上未出现褐色斑点，表明乳化沥青已经完成破乳过程。

### 3.3.2　旋转黏度

利用 NDJ-8s 型旋转黏度计测试 -10 ℃ 环境下 CEA 浆体 0～1 h 的黏度变化，转速为 20 r/s，每个样品旋转 60 s，隔 10 min 记录一次黏度值。具体测试方法如下：先将旋转黏度计放置于恒 -10 ℃ 的低温冷藏箱内，再将制备好的 CEA 样品放置于黏度计中，待浆体达到刻度线时，将转子浸入浆体内部，开启设备开始测试。

### 3.3.3 光学显微镜（OM）

采用 DM6 M 型光学显微镜观察乳化沥青在水泥颗粒上的吸附过程，放大倍数为 500 倍。以微观尺度评价乳化沥青在水泥浆体内的破乳过程。具体操作过程如下：将制备好的 CEA-10 在 －10 ℃ 的低温冷藏箱中混合，取少量样品稀释至 100 倍，再使用胶头滴管吸取稀释过后的样品至载玻片上，将盖玻片盖在被观察部分样品上，轻轻碾压以挤出多余气泡。

### 3.3.4 凝结时间

负温环境下 CEA 浆体的凝结时间试验参照 3.2.2 节中方法制备 CEA 浆体后，按 2.2.2 节试验方法进行试验。

### 3.3.5 电阻率

采用 CCR-Ⅱ型非接触式无极电阻率测定仪（图 3.1），对不同乳化沥青掺量的 CEA 浆体的电阻率进行实时监测，从离子溶出与导电能力的角度推断 CEA 浆体的早期水化进程。将新拌的水泥浆倒入 CCR-Ⅱ的环形容器中，轻轻敲击、摇动，消除水泥浆中的气泡，然后用盖子密封容器，再将环形容器放入低温冷藏箱中，随后开始测试。电阻率测试持续 8 h，间隔 1 s 采集数据。电阻率试验如图 3.2 所示。

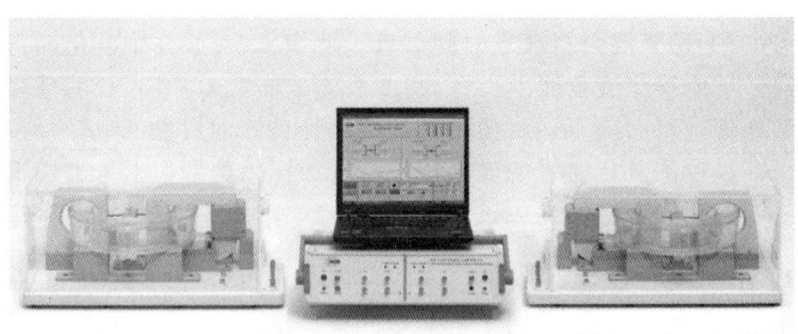

图 3.1　CCR-Ⅱ型非接触式无极电阻率测定仪

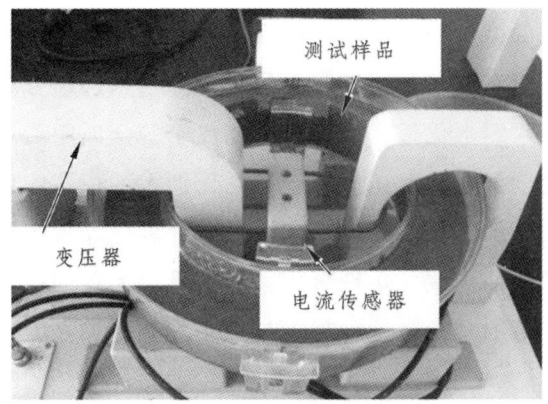

图 3.2 电阻率试验

### 3.3.6 扫描电子显微镜（SEM）

采用与 2.2.4 节相同型号的扫描电子显微镜，对负温养护龄期为 1 d 的 CEA 浆体样品进行微观成像，放大倍数为 24 000 倍。

### 3.3.7 傅里叶红外光谱（FT-IR）

采用 Vertex70 型傅里叶红外光谱仪，通过 KBr 压片法对乳化剂进行红外测试，扫描范围为 4 000 ~ 500 $cm^{-1}$，以其官能团特征峰探究乳化沥青对水泥浆体的缓凝机理。

## 3.4 水泥对乳化沥青破乳过程的影响

### 3.4.1 乳化沥青在水泥中的破乳时间

图 3.3 所示为 CEA 浆体中乳化沥青的破乳时间随水泥掺量的变化。

由图 3.3 可以看出，随着乳化沥青掺量的增加，破乳时间逐渐增加。当乳化沥青掺量增至 10% 时，破乳时间由 120 s 增至 330 s。这表明，在 CEA 中，乳化沥青相对含量的减少缩短了其破乳时间。其原因在于水泥遇水后会发生水化反应，生成一系列的水化产物，这些水化产物通常具有较高的碱性，能够改变乳化沥青所处的环境。随着乳化沥青相对含量的减少，水泥水化反应产生的碱性物质也相应增多,使得乳化沥青所处的环境碱性增强。这种碱性环境有利于乳化沥青中的乳化剂与水逐渐分离,从而加速破乳过程。其次,水泥水化过程中释放的钙离子等金属阳离子会与乳化沥青中的阴离子乳化剂发生相互作用,破坏乳化沥青的稳定体系。这种相互作用促进了乳化沥青的破乳。此外,水泥颗粒在乳化沥青中作为吸附中心,吸附乳化沥青中的油滴或乳化剂分子,导致乳化沥青的稳定性下降。随着乳化沥青相对含量的减少,这种吸附与聚集作用更加显著,进一步加速了破乳过程。

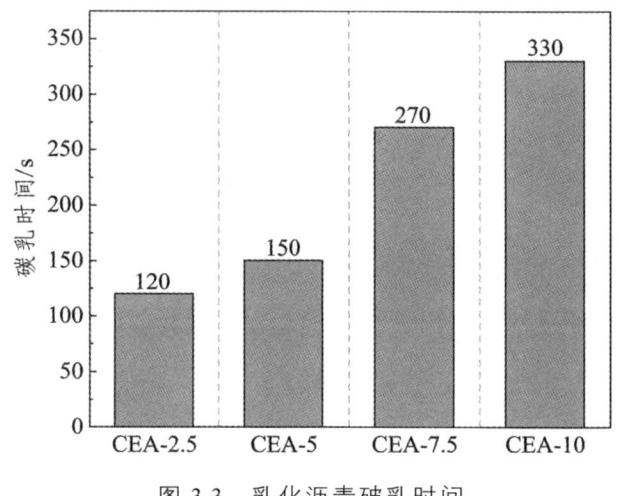

图 3.3 乳化沥青破乳时间

### 3.4.2 CEA 黏度发展规律

CEA 浆体的黏度发展规律如图 3.4 所示。

由图 3.4 可以看出,每组 CEA 浆体的黏度都随时间延长有着不同程度的增大,这是因为水泥浆体都会在水化过程中逐渐凝结硬化。在相同混合时间下,CEA 浆体的黏度随乳化沥青掺量的增加逐渐提高,这是因为乳化沥青破乳后,沥青颗粒恢复本身的黏结力,使整个浆体体系增粘。此外,由 CEA 浆体的黏度发展规律可以推断,CEA 浆体的黏度主要受乳化沥青掺量控制。

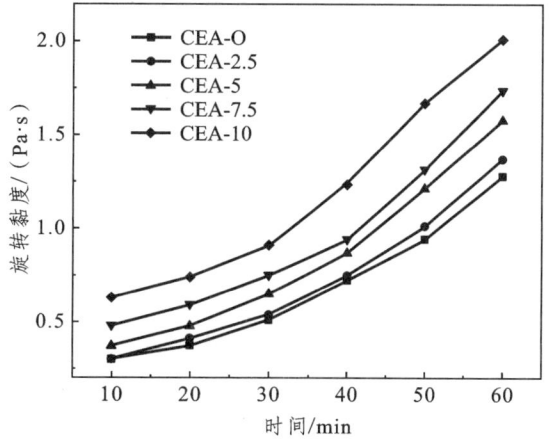

图 3.4 CEA 浆体黏度发展规律

### 3.4.3 光学显微镜图像

图 3.5 为 CEA-10 负温混合 5 min 与 30 min 后的光学显微镜图像。

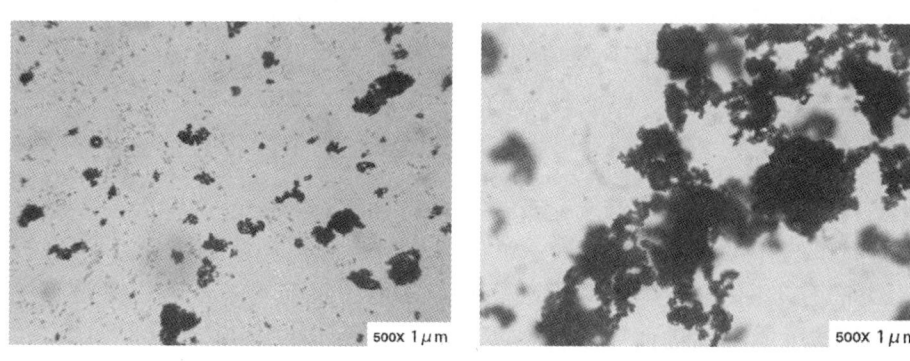

（a）混合 5 min 后　　　　　　（b）混合 30 min 后

图 3.5 CEA 光学显微镜图像

由图 3.5（a）可以看出，水泥与乳化沥青混合 5 min 后，大多乳化沥青颗粒的直径约为 1 μm，少量乳化沥青颗粒相互聚集形成絮凝状结构；由图 3.5（b）可以看出，乳化沥青颗粒相互挤压融合，形成交联网状结构。这是因为本书中使用的乳化沥青为阴离子型，其颗粒的结构为带负电荷的双电子层[132]。

阴离子乳化沥青的双电子层如图 3.6 所示。由于乳化沥青双电子层的半径远小于水泥颗粒，随着水泥水化反应的进行与水化产物的生成，其会因静电作用吸附到水泥颗粒与水化产物表面，进而相互挤压、融合，形成大沥青颗粒，从而破坏了乳化沥青的稳定结构，加速破乳。

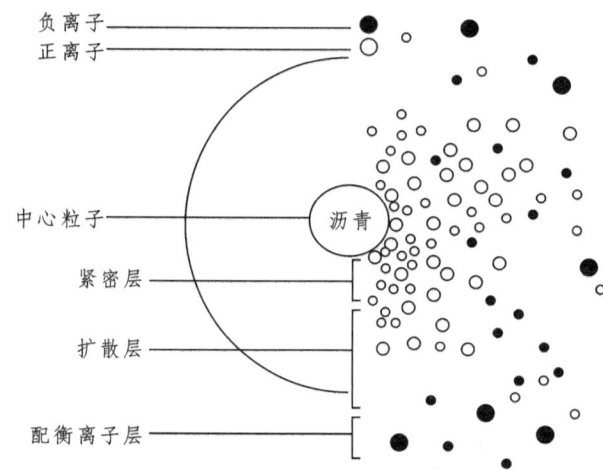

图 3.6　阴离子乳化沥青的双电子层结构

### 3.4.4　水泥对乳化沥青加速破乳机理分析

**1．水分消耗**

在 CEA 浆体中，水泥与外加水和乳化沥青中的水分发生反应。水含量（质量分数）随着水泥水化反应的进行而逐渐减少。这样，一方面间接提高了浆体中电解质的浓度（单位体积溶液中离子的物质的量）；另一方面缩短了乳化沥青颗粒间的平均间距，增加了沥青颗粒因热运动而相互碰撞的可能性，进而导致乳化沥青破乳团聚[133]，其破乳机理如图 3.7 所示。

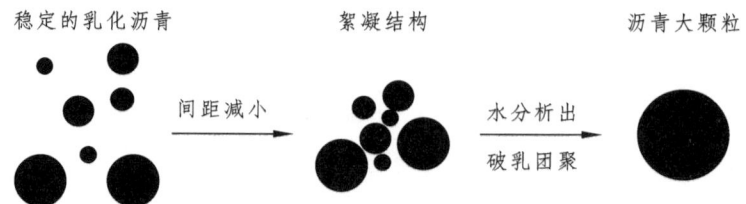

图 3.7　乳化沥青在水泥浆体内的破乳机理

依据化学反应动力学的理论，水泥的水化过程可以划分为反应活跃期、诱导期、加速期、衰减期和稳定期五个阶段。李炜[133]、欧阳剑[134]、Wang 等[135]通过对 CEA 浆体中沥青颗粒的微观形貌及颗粒形态进行了观测，均认为水分消耗是加速乳化沥青破乳的主要原因之一。朱晓斌等[136]认为在水泥水化的加速期，水泥水化反应对于水的消耗是致使乳化沥青破乳成膜的主要原因。

2．水化热

当负温水泥体系与水在负温环境下混合后，硅酸盐水泥与铝酸盐水泥中的矿物成分与水发生水化反应，并生成一系列新的化合物，如 C-S-H 凝胶、$Ca(OH)_2$ 和水化铝酸钙（CAH）等。在水化反应过程中会释放出热量，即为水化热。大部分水化热是在最初的几天内放出，之后放出的热量会逐渐减少。申华杰等[137]的研究中发现，乳化沥青的破乳过程是吸收能量的过程，常伴随着吸热现象，所以乳化沥青的破乳过程是吸热的。因此可以判断，水泥水化放出的热量提供了乳化沥青破乳所需的热量，从而加速破乳。

3．双电层效应

由乳化沥青的双电子层结构图（图 3.6）可以看出，乳化沥青的稳定性由双电子层结构保持。一旦受到了外界环境温度、带电离子和水分消耗等因素的影响，双电子层结构被破坏，沥青微粒相互聚集沉降形成大颗粒，此时乳化沥青的稳定性将会降低，进而导致破乳。水泥在水化过程中会释放大量带电离子，其中 $Ca^{2+}$、$K^+$、$Na^+$ 等带正电荷的金属离子屏蔽了阴离子乳化沥青颗粒表面的负电荷，导致乳化沥青中沥青颗粒间的斥力减小、电位减弱，乳化沥青因沥青颗粒间的平衡状态被破坏而加速破乳。

4．物理吸附

在水泥水化反应的进程中，由于沥青颗粒的半径显著小于水泥颗粒，乳化沥青颗粒会通过静电吸附作用附着在水泥颗粒及水化产物的表面上。随后，这些颗粒因相互挤压和融合，形成了较大的沥青颗粒，最终加速破乳形成沥青膜结构，乳化沥青在水泥颗粒上破乳成膜过程如图 3.8 所示。

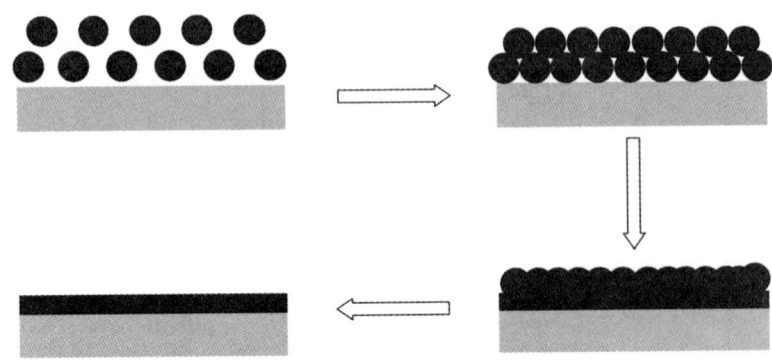

图 3.8 乳化沥青在水泥颗粒上的破乳成膜过程

综上所述，在 CEA 浆体中，水泥水化加速了乳化沥青的破乳过程，其作用机理主要有四方面：

（1）水泥水化消耗了体系中的水，缩短了沥青颗粒之间的间距，微小的沥青颗粒逐渐聚集成粒径较大的颗粒，最终导致破乳团聚。

（2）水泥水化放出的热量弥补了乳化沥青破乳所需的热量，从而加速破乳。

（3）水泥水化过程中释放的带电离子中和了乳化沥青表面的电荷，从而减少了乳化沥青颗粒间的斥力位能，使得乳化沥青的双电层结构压缩，打破了沥青颗粒间的稳定平衡状态。

（4）在形成水泥水化产物的过程中，乳化沥青通过静电吸附作用依附于水化产物的表面。随后，沥青颗粒经历相互挤压和融合的过程，在水泥颗粒表面形成了一层完整且连续的沥青膜。

## 3.5 乳化沥青对水泥水化进程的影响

### 3.5.1 凝结时间

水泥水化反应越剧烈，其凝结时间也就越短。通过测定水泥的凝结时间来初步判断乳化沥青对水泥水化进程的影响，CEA 浆体凝结时间试验结果如图 3.9 所示。

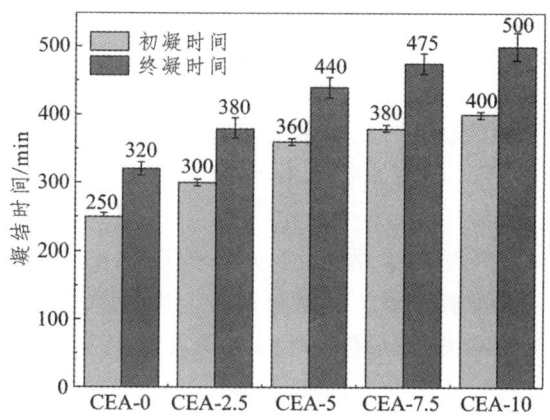

图 3.9 乳化沥青对水泥凝结时间的影响

由凝结时间试验结果可以看出，纯水泥浆体在 -10 ℃ 环境下初凝时间与终凝时间分别为 250 min 和 320 min，说明在 -10 ℃ 的负温环境中，本书所配制的水泥材料仍可正常水化。这一现象归因于试验中使用的亚硝酸钠溶液，它作为一种防冻剂能够确保拌和水在 -10 ℃ 的环境中不会结冰，同时亚硝酸钠还能对硅酸盐水泥的水化过程产生轻微的促进作用。铝酸盐水泥的加入也对水泥凝结起到了明显的促进作用。许多学者的研究指出，当铝酸盐水泥的掺量为 10%~15% 时，硅酸盐水泥的凝结时间明显缩短。焦磷酸钠可与铝酸盐水泥中的铝离子快速发生反应，生成不溶性的磷酸铝盐，从而促进水泥体系的水化反应，缩短凝结时间。此外，低冰点乳化沥青中，醋酸钙电离出的钙离子能够参与并加速水泥中未反应的硅酸钙和铝酸钙的水化过程，提高水泥的反应活性，从而促进水泥水化反应的进行。

由图 3.9 还可以看出，CEA-2.5、CEA-5、CEA-7.5、CEA-10 浆体的初凝时间较纯水泥浆体分别增长了 20%、44%、52%、60%；终凝时间较纯水泥浆体分别增长了 18.8%、37.5%、48.4%、56.3%。这说明乳化沥青的掺入延缓了水泥的水化进程，并且乳化沥青掺量越高，水泥的凝结时间越长。这是因为组成乳化沥青的乳化剂成分是一种表面活性剂，其活性基团可以吸附到水泥颗粒表面，改变水泥颗粒表面的电荷性质，使得水泥颗粒之间的排斥力增加，从而减缓水泥颗粒的凝聚速度[133]。此外，乳化沥青中的沥青微滴向水泥颗粒表面聚集并且压缩形成一层沥青薄膜，这会阻碍水泥的水化反应，从而延长了凝结时间。

## 3.5.2 电阻率

水泥遇水后发生水化反应,水泥矿物熟料电离出各种离子由水泥颗粒表面逐渐释放到浆体中,此时水泥浆体内部由于自由移动的离子的存在而具有导电性[138]。随着水泥水化反应的继续进行,离子之间自由重组,进而生成了 C-S-H、AFt 等水化产物[139]。同时,浆体内部水分消耗增多,进而表现为水泥浆体导电性减弱,电阻率增加。水泥水化初期水化反应越剧烈,溶液中离子浓度就会越低,水泥浆体内部电阻率随着时间的推移增长也就越快[140]。测试不同水泥浆体的电阻率曲线,以水泥浆体离子溶出情况判断乳化沥青对水泥水化反应进程的影响,电阻率试验结果如图 3.10 所示。

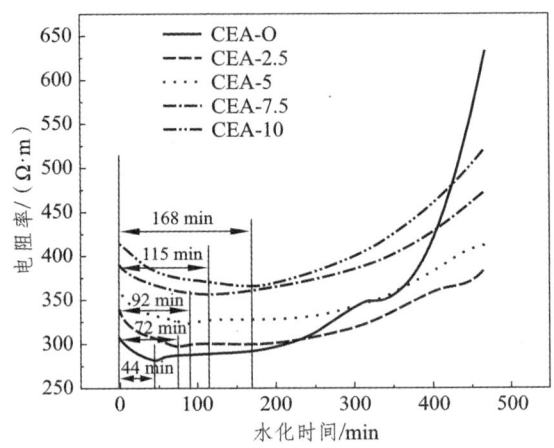

图 3.10 CEA 浆体电阻率变化曲线

由 CEA 浆体的电阻率变化曲线可以看出,随着水化时间的增加,5 组水泥浆体的电阻率都经历了先降低再缓慢增加,最后快速增加的阶段。这三个阶段分别为水泥初期水化的活跃期、诱导期、加速期。

在水泥水化的活跃期,五组水泥浆体的电阻率随着时间的推移逐渐下降。这是因为水泥颗粒与水分接触时,水分子促进了水泥矿物表面离子键的断裂,导致多种矿物离子释放到浆体中,从而使水泥浆体转变为含有多种离子的碱性电解质溶液。随着水化反应的进行,溶液中的离子浓度逐渐升高。然而,在此阶段,浆体中的离子浓度尚未达到反应所需的阈值,水化产物的生成仍处于较低水平。因此,尽管离子浓度的增加增强了浆体的导电性，导致电阻率逐渐降低，但此时电阻率主要受离子浓度的控制。随着时间的推移，浆体的电导率也随之增强，反映出水泥水化过程中离子活动的变化。同时，掺入乳化沥青的水泥浆体的电阻率普遍高于未掺乳化沥青的水泥浆体。具体来说，CEA-2.5、CEA-5、CEA-7.5、CEA-10 的电阻率持续下降的时间分别为 72 min、92 min、115 min、168 min，而未掺乳化沥青的纯水泥浆体电阻率下降的持续时间约为 44 min，即与纯水泥浆体相比，乳化沥青推迟了水泥水化进入水化产物形成期的时间。这是因为乳化沥青颗粒会吸附到水泥颗粒表面，抑制水泥水化产生的离子的溶出行为，导致掺有乳化沥青的水泥浆体的离子浓度低于纯水泥的离子浓度，从而表现为掺有乳化沥青的水泥浆体的电阻率高于纯水泥的电阻率。并且在相同的水化时间时，随着乳化沥青掺量的提高，更多的乳化沥青颗粒吸附到了水泥颗粒上，CEA 浆体的电阻率不断增大。

在水泥水化的诱导期，离子溶出达到各自的离子溶度积时，5 组水泥的电阻率均随着水化时间的延长而逐渐增加，这是因为水泥水化生成的产物相互搭接，形成浆体微结构，阻碍了自由离子的移动，降低了水泥浆体的导电能力，从而使电阻率逐渐增加。

在水泥水化的加速期，CEA 浆体的电阻率上升速度显著低于纯水泥浆体。这是因为乳化沥青颗粒吸附在水泥颗粒的表面，减少了水化产物的生成量，阻碍了微结构的形成，进而表现为结构疏松、大孔隙率的浆体结构，这种结构为离子迁移提供了通道，最终降低了的电阻率。

综上所述，乳化沥青的掺入延缓了水泥的水化进程，并且乳化沥青掺量越大，缓凝效果就越明显。

### 3.5.3 SEM 分析

水泥水化反应会经历两个过程：首先是离子溶出过程，水泥熟料矿物会向水溶液中释放大量离子，此时的溶液为含有各种离子的碱性溶液，具有很强的导电性；然后是水化产物形成过程，当溶液中的离子浓度达到离子反应浓度时，各种离子相互吸引组成新的水化产物，水化产物相互搭接、缠绕，在水泥浆体内部形成了微结构，这种微结构会对离子移动具有阻碍作用，导致水泥浆体导电性减弱。所以水泥浆体的电阻率和浆体的微结构之间存在一定的内在联系，分析水泥浆体微结构发展的特点也是评价水泥水化进程的重要依据。为揭示 CEA 浆体孔结构与电阻率直接的内在关系,通过 SEM 图像观测其微结构,CEA 浆体的 SEM 图像如图 3.11 所示。

(a) CEA-0　　　　　　　(b) CEA-2.5

(c) CEA-5　　　　　　　(d) CEA-7.5

(e) CEA-10

图 3.11　CEA 的 SEM 图像

从不同水泥浆体的 SEM 图像可以清晰地看到,纯水泥浆体表面明显生成了更多的水化产物,AFt 细长并呈现出棒状结构,并且结构非常密实,整个结构几乎无连通孔隙,说明纯水泥浆体水化反应较为充分;掺有 2.5%、5% 乳化沥青的水泥颗粒表面虽然也有水化产物生成,但水化产物的生成量要少于纯水泥浆体,整体结构较为密实且表面较为光滑;但在乳化沥青掺量超过 5% 后,水泥颗粒表面形成了一层连续沥青膜结构,且水化产物明显少于纯水泥浆体,并且存在大孔径连通孔隙,整体结构由于大连通孔径的穿插表现为强度较低的疏松状。

由 CEA 浆体的 SEM 图像分析可知,当乳化沥青掺量较少时,乳化沥青的破乳对水泥水化进程及其微结构的形成影响不大;当乳化沥青掺量超过 5% 时,其会在水泥颗粒表面形成了一层沥青膜结构,这种膜结构阻碍了水泥颗粒表面与水分的接触,从而延迟了水泥水化反应,减少了水化产物的生成,因此水泥浆体中存在大量孔隙。这与电阻率试验得到的结论一致。

### 3.5.4　FT-IR 分析

乳化沥青由乳化剂与沥青组成。其中,乳化剂是一种表面活性剂,能够将沥青颗粒分散在水中,形成均匀的乳液,从而提高沥青的稳定性和流动性。乳化剂通过降低水和沥青之间的界面张力差,使体系总表面能降低,热力学稳定性提高。同时,乳化剂还能使沥青微粒界面产生界面膜,这个界面膜的强度和紧密程度是乳化沥青稳定存在的重要因素。此外,乳化剂还能使沥青微粒表面形成带电离子基团,电荷间的静电斥力能够阻止沥青微粒的聚集。因此,乳化沥青的性质大多由乳化剂的种类与掺量来决定。通过观测乳化剂的红外图谱,可以探究乳化沥青对水泥水化的缓凝机理。图 3.12 所示为制得本研究用乳化沥青的乳化剂(羧酸盐)的红外图谱。

由乳化剂的红外光谱可知,1 649 $cm^{-1}$ 处的吸收峰是由羧酸盐中 C=O 伸缩振动引起的;1 357 $cm^{-1}$ 为羧酸盐—$COO^-$ 特征峰;769 $cm^{-1}$ 处为 $(CH_2)_n$ 平面内摇摆吸收振动峰。在普通硅酸盐水泥浆体系中,羧酸盐类乳化剂对水泥的缓凝作用主要是由于的亲水基—$COO^-$ 的存在。—$COO^-$ 可以通过静电作用吸附到带有正电荷的硅酸盐相 C-S-H 与其他正电荷离子表面,导致水泥颗粒表面的离子溶出点被阴离子乳化剂占据,抑制了水泥浆体中矿物相表面离子的溶出,从而延缓普通硅酸盐水泥的水化进程,阻碍了水泥浆体内部微结构的形成[141]。

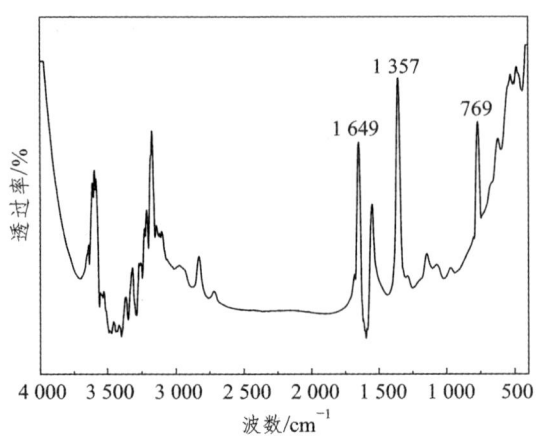

图 3.12　羧酸盐阴离子乳化剂红外光谱图

### 3.5.5　乳化沥青对水泥水化缓凝机理分析

乳化沥青对水泥水化的缓凝作用分为乳化剂分子与沥青颗粒两方面原因。由前文研究结论可知,乳化沥青中的沥青颗粒因破乳作用挤压团聚,在水泥颗粒表面形成沥青膜结构,这种膜结构阻碍了水泥颗粒表面与水分的接触,从而延迟了水泥水化反应。

与此同时,乳化沥青中的乳化剂分子也会吸附到水泥颗粒表面,水泥颗粒对乳化剂的吸附过程如图 3.13 所示。当水泥与水开始拌和后,水泥浆体开始发生水化反应,各种矿物在水中电离溶出不同的带电离子,由于离子从水泥颗粒表面向水溶液中的迁移速率不同,水泥颗粒表面形成带电的双电层结构[142,143]。其中,铝酸盐相 $C_3A$ 与水反应后溶出了 $Ca^{2+}$、$OH^-$、$SO_4^{2-}$、$Al(OH)_4^-$。随着离子浓度的增加,当离子浓度达到过饱和状态时,开始生成水化产物 AFt,其表面带有正电荷[144]。而硅酸盐相 $C_2S$ 与 $C_3S$ 与水反应溶出大量 $Ca^{2+}$、$OH^-$ 与 $H_2SiO_4^{2-}$ 离子,随着离子浓度的增加,部分硅酸盐相与 $Ca^{2+}$ 发生络合反应,生成低钙硅比 C-S-H(m)凝胶,其表面带有正电荷[145]。由于 $H_2SiO_4^{2-}$ 离子半径相对较大,其溶出后向水溶液中迁移的速率要低于 $Ca^{2+}$、$OH^-$ 与 $SO_4^{2-}$,水泥颗粒硅酸盐相表面形成带有负电荷的"富硅层"。当在水泥浆体中掺入阴离子乳化沥青后,乳化沥青中带有—COO⁻的乳化剂分子由于静电作用吸附到带有正电荷的 AFt 与部分 C-S-H（m）凝胶表面,进一步占据了水泥颗粒的离子释放点,离子的释放和迁移速度减缓,最终延缓了水泥水化反应进程。

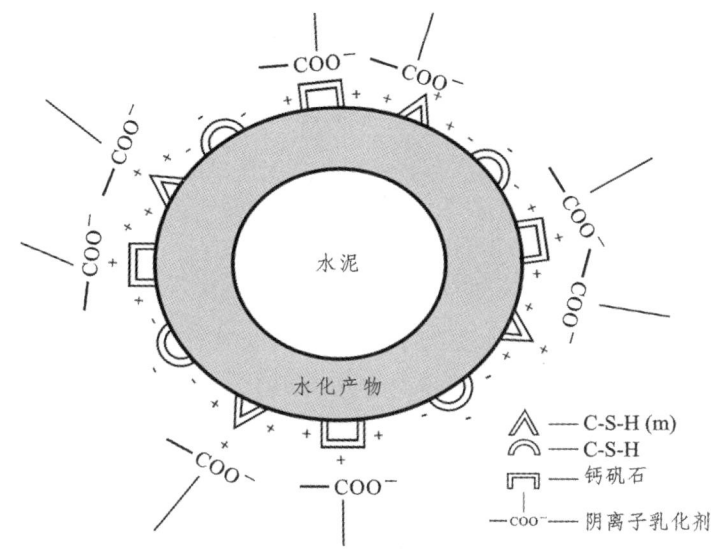

图 3.13　乳化沥青在水泥颗粒上的吸附过程

## 3.6　负温环境下 CEA 交互作用机理

由于在 CEA 浆体硬化前后没有新官能团的生成,所以水泥与乳化沥青之间并未发生化学反应,其交互作用为简单的物理作用。水泥的水化是乳化沥青破乳的诱因,而乳化沥青破乳又延缓了水泥的水化。同时,沥青颗粒逐渐聚集增大,在水泥颗粒表面形成沥青膜结构,CEA 浆体的黏度随之增加。水泥的水化作用与乳化沥青的破乳过程共同决定了 CEA 材料的性能,这两个过程通过交互作用达到动态平衡状态。水泥与乳化沥青在负温环境下的交互作用机理如图 3.14 所示。

据前文总结分析,乳化沥青破乳形成的沥青膜结构包围在水泥颗粒及水化产物表面,而水泥水化产物与沥青膜结构相互穿透。因此,CEA 材料同时具备水泥与沥青的材料特性。水泥掺量的增加可以提高混合料的抗压强度、劈裂强度等力学性能，而乳化沥青掺量的增加则可以提高混合料的柔韧性、黏聚性、抗裂性及疲劳性能。

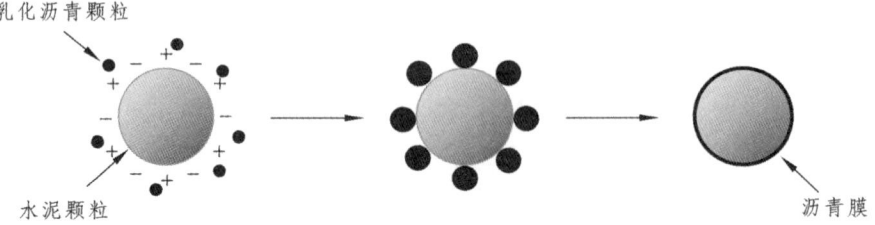

图 3.14　水泥与乳化沥青的交互作用机理

## 3.7　本章小结

本章研究负温环境下水泥与乳化沥青的交互作用机理，其中包括乳化沥青对水泥水化进程的影响以及水泥对乳化沥青破乳过程的影响。通过对 $-10\ ℃$ 环境下的 CEA 浆体的破乳时间与旋转黏度测试，结合 CEA 浆体的光学显微镜图像探究水泥对乳化沥青破乳过程的影响，并分析了乳化沥青在水泥颗粒表面的破乳成膜过程；通过对 $-10\ ℃$ 环境下 CEA 浆体的凝结时间、电阻率与 SEM 图像进行测试，结合羧酸盐阴离子乳化沥青的红外光谱，揭示了羧酸盐类阴离子乳化沥青对水泥水化的缓凝机理。主要结论如下：

（1）结合 CEA 浆体的破乳时间、黏度变化规律及其光学显微镜图像分析可知，水泥水化加速了乳化沥青的破乳过程，其作用机理主要有以下四方面：

① 水泥水化消耗了体系中的水，缩短了沥青颗粒之间的间距，微小的沥青颗粒逐渐聚集成粒径较大的颗粒，最终完全破乳。

② 水泥水化放出的热量弥补了乳化沥青破乳所需的热量，从而加速破乳。

③ 水泥水化产生的带电离子屏蔽了乳化沥青表面的电荷，降低了乳化沥青颗粒之间的斥力位能，导致乳化沥青的双电层结构变薄，沥青颗粒之间的平衡状态被打破。

④ 随着水泥水化产物的生成，乳化沥青颗粒会通过静电吸附作用附着在水泥颗粒及水化产物的表面上。随后，这些颗粒因相互挤压和融合，

形成了较大的沥青颗粒，最终加速破乳形成沥青膜结构。

（2）CEA的凝结时间试验与电阻率试验结果显示，乳化沥青的掺入增加了水泥浆体的凝结时间，延长了水泥初期水化电阻率下降的持续时间。上述研究均表明乳化沥青的掺入延缓了水泥的水化进程，且乳化沥青掺量越多，对水泥水化的延缓作用就越明显。

（3）SEM图像显示，当乳化沥青掺量较少时，乳化沥青的破乳对水泥水化进程及其微结构的形成影响不大；当乳化沥青掺量超过5%时，其会在水泥颗粒表面形成一层沥青膜结构，这种膜结构阻碍了水泥颗粒表面与水分的接触，从而延迟了水泥水化反应，减少了水化产物的生成，因此水泥浆体中存在大量孔隙。同时，对水泥浆体微结构的分析与电阻率试验得到的结果相吻合。

（4）乳化沥青延缓了水泥的水化进程，其作用机理有以下两方面：

① 乳化沥青中的沥青颗粒因破乳作用挤压团聚，在水泥颗粒表面形成沥青膜结构，这种膜结构阻碍了水泥颗粒表面与水分的接触，从而延迟了水泥水化反应。

② 乳化沥青中带有—$COO^-$的乳化剂分子由于静电作用吸附到带有正电荷的AFt与部分C-S-H（m）凝胶表面，进而占据了水泥颗粒的离子溶出点，离子溶出迁移速率缓慢，最终延缓了水泥水化反应进程。

（5）在CEA浆体中，水泥的水化是乳化沥青破乳的诱因，而乳化沥青破乳又延缓了水泥的水化。同时，沥青颗粒逐渐聚集增大，然后在水泥颗粒表面形成沥青膜结构，CEA黏度随之增加。水泥的水化作用与乳化沥青的破乳过程共同决定了CEA的性能，这两个过程通过交互作用达到动态平衡状态。

# 4 负温水泥乳化沥青复合胶凝材料（CEAC）喷涂性能与流变性能研究

湿喷混凝土难以在高原多年冻土区应用，其根本原因是在低温甚至负温的施工环境条件下，水泥胶凝材料难以水化硬化，导致施工质量得不到有效保证。此外，喷射混凝土性能主要由其胶凝材料所决定，所以喷射混凝土在负温环境下使用的关键，是制备适宜的胶凝材料。为解决上述问题，基于第3章负温环境下水泥与乳化沥青的交互作用机理，制备可在负温环境下喷涂的水泥乳化沥青复合胶凝材料（CEAC），并研究水固比、砂胶比、乳化沥青掺量、粉煤灰替换率、PVA纤维掺量对其喷涂性能与流变参数的影响。通过数据拟合分析CEAC的喷涂性能与流变参数的相关性，并确定CEAC的最佳配合比。研究结果为CEAC在高海拔多年冻土区隧道及其他喷涂工程的应用提供指导。

## 4.1 原材料

负温水泥同3.1节，低冰点乳化沥青同3.2.1节。矿物掺合料的密度和比表面积分别为 2.43 g/cm$^3$ 和 358 m$^2$/kg，其化学组成见表4.1，粒径分布如图4.1所示。细砂选取粒径为 0~0.1 mm 的石英砂；纤维材料选用聚乙烯醇（PVA）纤维，其性能参数见表4.2。拌和水溶液同2.2.1节。

表 4.1　粉煤灰化学成分　　　　　　　单位：%

| CaO | SiO₂ | Al₂O₃ | MgO | Fe₂O₃ | P₂O₅ | TiO₂ | K₂O | Na₂O | SO₃ | 其他杂质 |
|---|---|---|---|---|---|---|---|---|---|---|
| 6.66 | 48.28 | 30.06 | 1.17 | 5.46 | 0.38 | 1.07 | 1.05 | 1.13 | 0.95 | 3.79 |

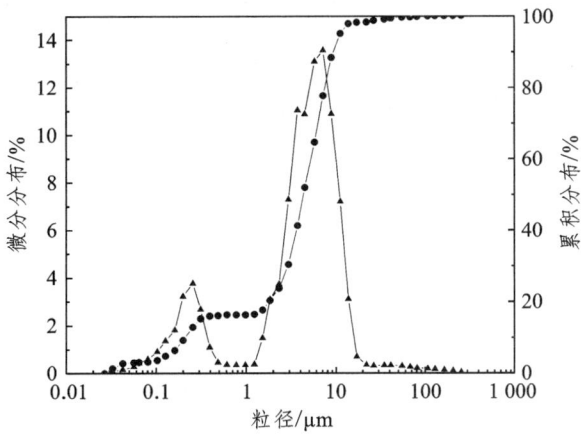

图 4.1　粉煤灰粒径分布

表 4.2　PVA 纤维性能指标

| 直径/μm | 长度/mm | 抗拉强度/MPa | 杨氏模量/GPa | 延伸率/% | 密度/(g/cm³) |
|---|---|---|---|---|---|
| 31 | 6 | 1 500 | 40 | 6 | 1.28 |

## 4.2　负温水泥乳化沥青复合胶凝材料（CEAC）的制备

为精准模拟高海拔负温环境，CEAC 喷涂试验在交通运输部公路科学研究院自主研发的高原环境模拟仓中进行，环境温度设置为 -10 ℃，湿度为 50%，模拟仓的外观及操作界面如图 4.2 所示。采用 9511 型涂料喷枪进行 CEAC 喷涂试验，喷涂设备如图 4.3 所示，其喷涂原理如图 4.4 所示。

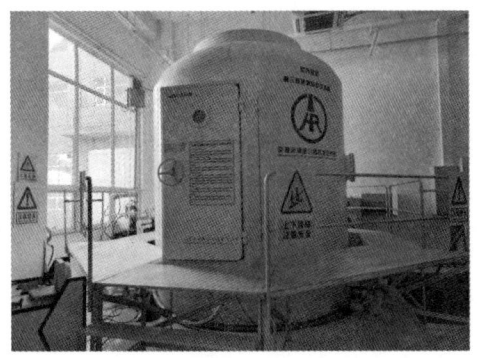

（a）模拟仓外观

（b）操作界面

图 4.2　高原环境模拟仓

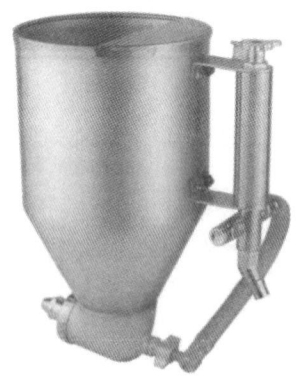

（a）模拟仓外观

(b) 操作界面

图 4.3 喷涂设备

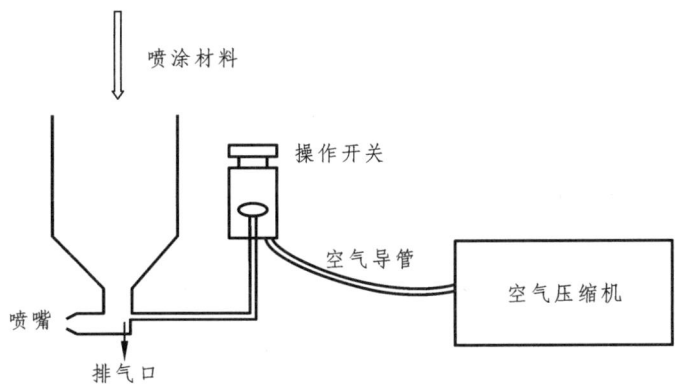

图 4.4 喷涂设备喷涂原理

所有试验用原材料需置于高原环境模拟仓中保温 24 h。首先，将水泥和砂浆在搅拌机中干混搅拌 120 s，然后将乳化沥青加入到搅拌机中，再混合 60 s。最后，加入 PVA 纤维，混合 120 s 后得到 CEAC。

## 4.3 试验方法

### 4.3.1 喷涂性能测试

采用一次喷涂厚度和回弹率来评价 CEAC 的喷涂性能。一次喷涂厚度是反映水泥基材料与壁面黏接能力的指标。在垂直于喷涂面的某个基点连续喷涂,直到材料在自身重力的作用下脱落为止,此时的材料堆积厚度即为一次喷涂厚度,测量方法如图4.5所示。

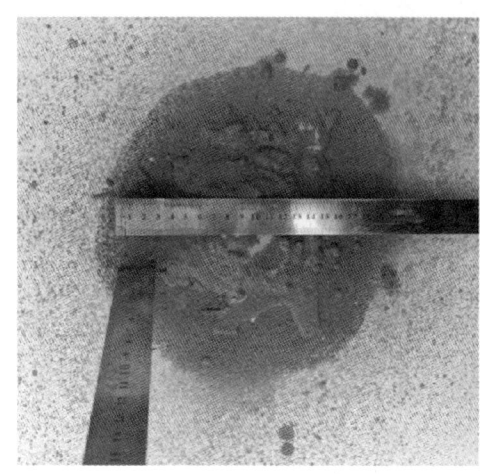
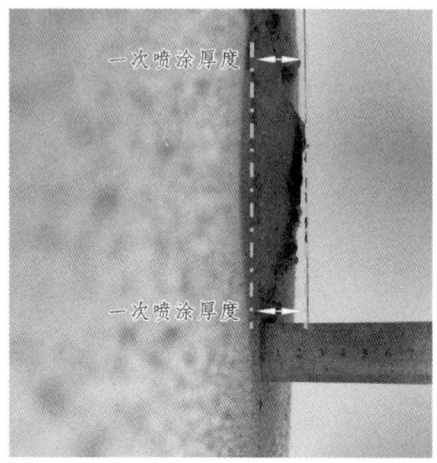

图4.5 一次喷涂厚度测试

回弹率可以表征喷涂材料对壁面的附着力。回弹率高,喷涂效果差,材料本身附着力差;相反,回弹率低,代表喷涂效果好,材料能与喷涂结构面有效黏结。本书对各配合比的CEAC一次喷涂厚度和回弹率进行了三次测试,并取平均值。回弹率试验方法按照行业标准《喷射混凝土应用技术规程》(JGJ/T 372—2016)[146]进行,测试过程如图4.6所示,计算公式为

$$R = \frac{W_2}{W_1 + W_2} \times 100\% \tag{4.1}$$

式中:$R$——回弹率(%);

$W_1$——喷涂在壁面上的CEAC的质量(g);

$W_2$——掉落在地面上的CEAC的质量(g)。

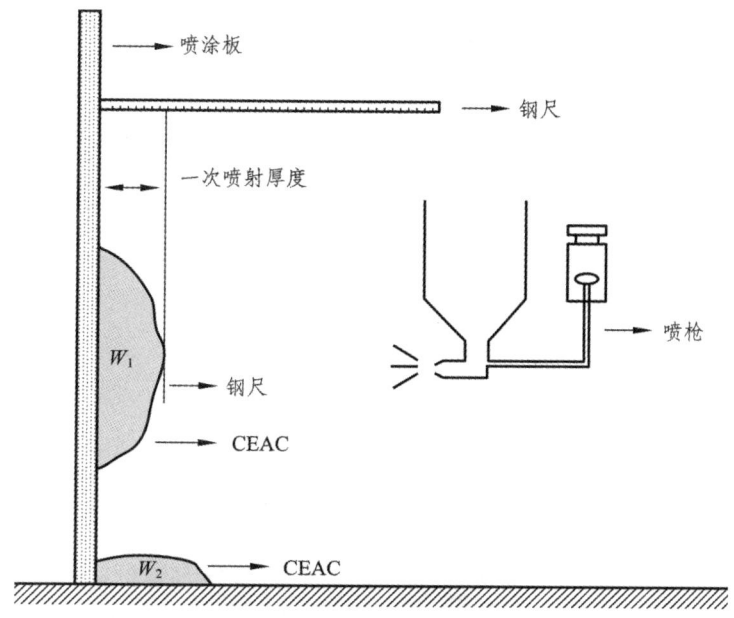

图 4.6 回弹率测试

### 4.3.2 流变性能测试

宾汉姆模型是水泥基材料流变学研究中最简单、最常用的模型[147,148]，如图 4.7 所示。通过测试材料的屈服应力 $\tau_0$ 和塑性黏度 $\eta$，可以更好地满足大多数工程应用和科研工作对水泥基材料流变参数测量的精度要求。本书通过该模型确定了 CEAC 的屈服应力和塑性黏度，计算公式为

$$\tau = \tau_0 + \eta \cdot \gamma \quad (4.2)$$

式中：$\tau$——剪切应力（Pa）；
$\tau_0$——屈服应力（Pa）；
$\eta$——塑性黏度（Pa·s）；
$\gamma$——剪切速率（$s^{-1}$）。

采用 RSX 旋转流变仪测试 CEAC 的流变参数，如图 4.8 所示，保温溶液为乙醇与水的混合溶液，试验温度设置为 -10 ℃。首先将待测 CEAC 置于保温套筒内保温 30 min，以消除试验过程中的温度变化对试验结果的影响。再对各配比的 CEAC 进行流变试验，剪切速率范围为 0 ~

$10 \text{ s}^{-1}$,第一个数据取自 $1 \text{ s}^{-1}$,随后每隔 $1.5 \text{ s}^{-1}$ 取一个数据点,选用宾汉姆模型对流变曲线进行拟合,得到 $\tau_0$ 和 $\eta$。

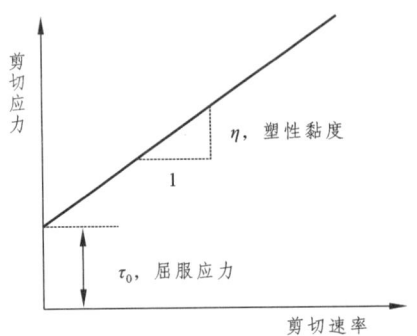

图 4.7 宾汉姆模型

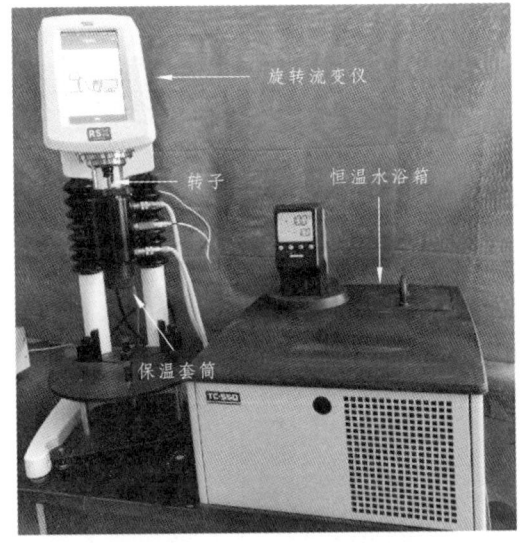

图 4.8 RSX 旋转流变仪

## 4.4 配合比设计

为得到 CEAC 的最佳配合比,利用控制变量法,先确定影响浆料工作性的重要因素水灰比与砂胶比的最佳掺量;然后从材料本身出发,依次研究粉煤灰替换率和乳化沥青掺量对 CEAC 喷涂性能与流变性能的影响;最后研究了 PVA 纤维的体积掺量对 CEAC 喷涂性能与流变性能的影响。基于以上因素，逐步优化配合比，最终得到最佳配合比。CEAC 的试验配合比例见表 4.3。其中 W/S、S/B、FA、EA、PVA 分别代表水固比、砂胶比、粉煤灰替换率、乳化沥青掺量和 PVA 纤维掺量。当其中一个参数发生变化时，其他参数都是固定的。

表 4.3  CEAC 试验配合比

| 组别 | W/S | S/B | FA/% | EA/% | PVA/% |
| --- | --- | --- | --- | --- | --- |
| W/S-0.12 | 0.12 | 0.4 | 20 | 5 | 1.0 |
| W/S-0.13 | 0.13 | — | — | — | — |
| W/S-0.14 | 0.14 | — | — | — | — |
| W/S-0.15 | 0.15 | — | — | — | — |
| W/S-0.16 | 0.16 | — | — | — | — |
| S/B-0.2 | 0.14 | 0.2 | 20 | 5 | 1.0 |
| S/B-0.3 | — | 0.3 | — | — | — |
| S/B-0.4 | — | 0.4 | — | — | — |
| S/B-0.5 | — | 0.5 | — | — | — |
| S/B-0.6 | — | 0.6 | — | — | — |
| AC-10 | 0.14 | 0.5 | 10 | 5 | 1.0 |
| AC-20 | — | — | 15 | — | — |
| AC-30 | — | — | 20 | — | — |
| AC-40 | — | — | 25 | — | — |
| AC-50 | — | — | 30 | — | — |
| EA-0.0 | 0.14 | 0.5 | 20 | 0.0 | 1.0 |
| EA-2.5 | — | — | — | 2.5 | — |
| EA-5.0 | — | — | — | 5.0 | — |
| EA-7.5 | — | — | — | 7.5 | — |
| EA-10.0 | — | — | — | 10.0 | — |
| PVA-0.0 | 0.14 | 0.5 | 20 | 5 | 0.0 |
| PVA-0.5 | — | — | — | — | 0.5 |
| PVA-1.0 | — | — | — | — | 1.0 |
| PVA-1.5 | — | — | — | — | 1.5 |
| PVA-2.0 | — | — | — | — | 2.0 |

注：W/S 为水（乳化沥青中的水和外加水的总和）与固体（水泥、砂、乳化沥青固体分的总和）的质量比，S/B 为砂与胶结料（水泥与乳化沥青固体分的总和）的质量比，FA 为粉煤灰占总水泥的质量百分比，EA 为乳化沥青占胶结料的质量百分比，PVA 为纤维占浆料的体积百分比。

## 4.5 CEAC 喷涂性能与流变性能的影响因素

### 4.5.1 水固比的影响

图 4.9 所示为水固比对 CEAC 喷涂性能的影响。

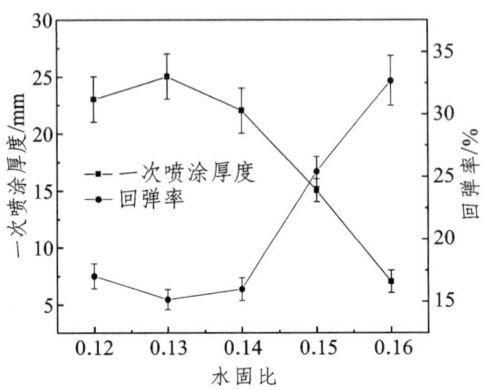

图 4.9 水固比对 CEAC 喷涂性能的影响

由图 4.9 可以看出，随着水固比的增加，CEAC 的一次喷涂厚度先提高再减小，回弹率先减小再增大。水固比为 0.13 时，CEAC 喷涂性能最好。此时的一次喷涂厚度为 25 mm，回弹率为 15.14%。

图 4.10 所示为水固比对 CEAC 流变性能的影响。

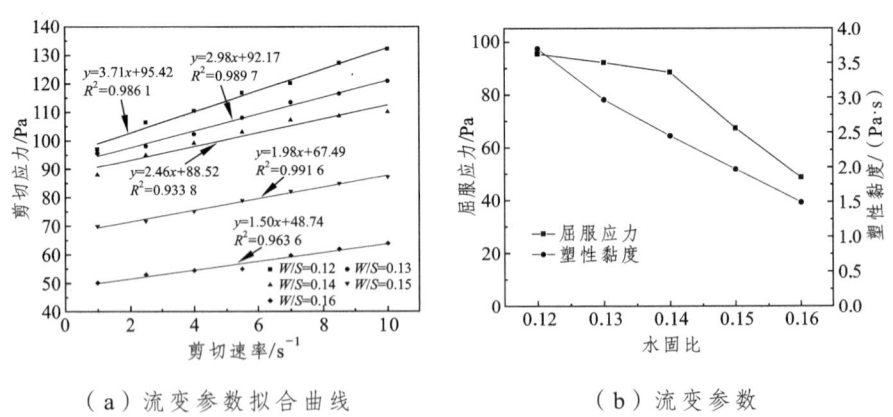

（a）流变参数拟合曲线　　　　（b）流变参数

图 4.10 水固比对 CEAC 流变性能的影响

图 4.10(a) 所示为不同水固比下 CEAC 的剪切应力和剪切速率之间

的拟合关系。可以看出,剪切速率与剪切应力之间存在良好的线性相关性,$R^2$ 在 0.93~0.99 之间。图 4.10(b)所示为水固比对 CEAC 流变参数的影响,可以看出,随着水固比的增大,CEAC 的屈服应力与塑性黏度均减小。这一现象是由于浆料中游离水含量的增加,增加了结构单元的分散和颗粒表面水膜的厚度,但降低了浆料内颗粒间的摩擦,屈服应力和塑料黏度显著降低[149]。考虑到 CEAC 的喷涂性能,当水固比大于 0.14 时,浆料的流动性较好,因此一次喷涂厚度会显著降低。同时,当水固比低于 0.14 时,浆料过于黏稠,工作性较差。因此,选择最佳水固比为 0.14,此时 CEAC 的一次喷涂厚度和回弹率分别为 22 mm 和 15.98%,屈服应力和塑性黏度分别为 88.52 Pa 和 2.46 Pa·s。

### 4.5.2 砂胶比的影响

图 4.11 所示为砂胶比对 CEAC 喷涂性能的影响。

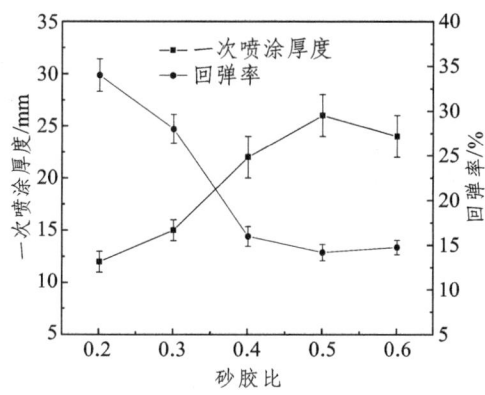

图 4.11 砂胶比对 CEAC 喷涂性能的影响

由图 4.11 可以看出,随着砂胶比的增大,CEAC 的一次喷涂厚度先增加再减小,回弹率先降低再增加。当砂胶比为 0.5 时,CEAC 喷涂性能最好。此时的一次喷涂厚度为 26 mm,回弹率为 14.18%。

图 4.12 所示为砂胶比对 CEAC 流变性能的影响。

图 4.12(a)所示为不同砂胶比下 CEAC 的剪切应力和剪切速率之间的拟合关系。可以看出,剪切应力与剪切速率之间存在良好的线性相关性,$R^2$ 在 0.92~0.99 之间。图 4.12(b)所示为砂胶比对 CEAC 流变参数的影响,可以看出,随着砂胶比的增大,CEAC 的屈服应力与塑性黏

度均增大。这种现象主要是由于砂含量的增加,增加了颗粒间接触和碰撞的可能性,屈服应力进而增加。同时,砂含量的增加也会导致砂颗粒表面的胶凝材料涂层变薄,从而增加了颗粒间的摩擦力,最终增加了塑性黏度[150]。结合砂胶比对 CEAC 喷涂性能的影响,最终确定了最佳砂胶比为 0.5,此时屈服应力和塑性黏度分别为 94.94 Pa 和 2.98 Pa·s。

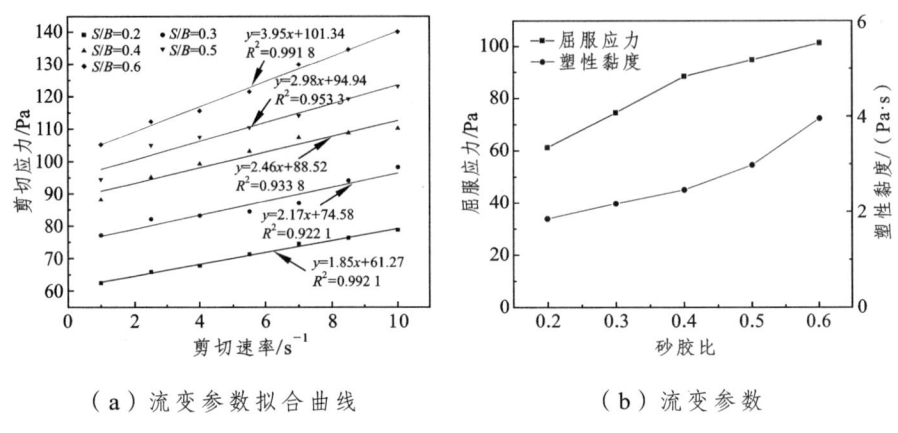

(a)流变参数拟合曲线　　　　　　(b)流变参数

图 4.12　砂胶比对 CEAC 流变性能的影响

### 4.5.3　粉煤灰替换率的影响

图 4.13 所示为粉煤灰替换率对 CEAC 喷涂性能的影响。

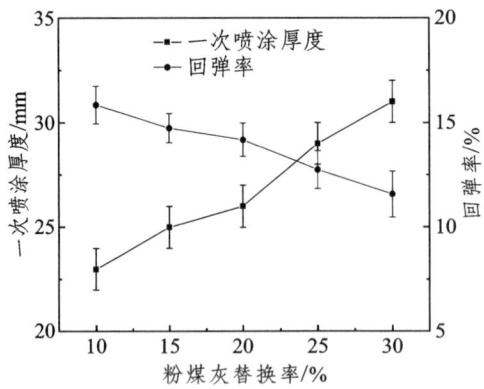

图 4.13　粉煤灰替换率对 CEAC 喷涂性能的影响

由图 4.13 可以看出,随着粉煤灰替换率的提高,CEAC 的一次喷涂厚度持续增加，回弹率持续降低。这是因为相较于普通硅酸盐水泥，粉煤灰具有更高的化学反应活性，可以更快地促进水泥水化硬化，从而在壁面上形成紧密的结构,减少脱落[151]。当粉煤灰替换率为 30% 时,CEAC 喷涂性能最好。此时的一次喷涂厚度为 31 mm，回弹率为 12.50%。

图 4.14 所示为粉煤灰替换率对 CEAC 流变性能的影响。

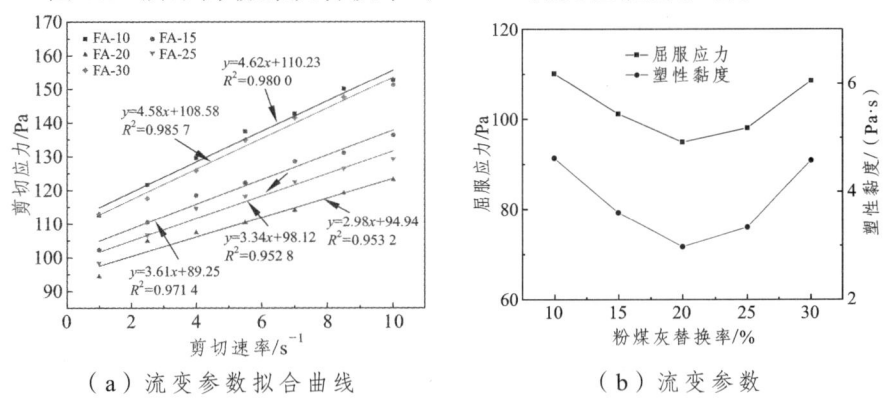

(a) 流变参数拟合曲线　　　(b) 流变参数

图 4.14　粉煤灰替换率对 CEAC 流变性能的影响

由图 4.14（a）可知，在不同的粉煤灰替换率下，剪切应力与剪切速率之间存在良好的线性相关性，$R^2$ 在 0.95～0.99 之间。图 4.14（b）所示为粉煤灰替换率对 CEAC 流变参数的影响，可以看出，随着粉煤灰替换率的增大，CEAC 的屈服应力与塑性黏度均先减小再增大。这是因为粉煤灰颗粒的"形态效应"和"微集料效应"使得其能够填充在水泥颗粒之间，起到类似滚珠的作用，减小了水泥颗粒之间的摩擦力，从而对浆体起到"润滑作用"。这种效应使得水泥浆体的流动性得到改善[152]。当粉煤灰替代一部分水泥加入浆体后，与水泥颗粒一样，形成双电层结构，这种电层使粒子相互排斥，形成斥力，减少水泥颗粒的接触面积，有利于水泥的分散，减少了浆体中的絮凝结构，进一步改善了流动性。但替换率超过 20% 的粉煤灰反而会使 CEAC 的流动性能下降，这是因为过多的粉煤灰会增加水泥水化反应所需的水量。为保证 CEAC 同时具有良好的喷涂性能与工作性能，确定了粉煤灰的最佳替换率为 20%。此时，CEAC 的一次喷涂厚度和回弹率为 26 mm 和 14.18%，屈服应力和塑性黏度分别为 94.94 Pa 和 2.98 Pa·s。

### 4.5.4 乳化沥青掺量的影响

图 4.15 所示为乳化沥青掺量对 CEAC 喷涂性能的影响规律。

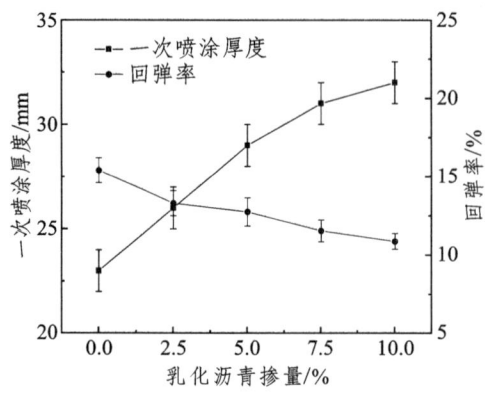

图 4.15  乳化沥青掺量对 CEAC 喷涂性能的影响

由图 4.15 可知，随着乳化沥青掺量的提高，CEAC 的一次喷涂厚度逐渐增加，回弹率逐渐降低。当乳化沥青掺量为 10% 时，CEAC 喷涂性能最好。此时的堆积厚度为 32 mm，回弹率为 10.87%。这是因为水泥的水化过程破坏了乳化沥青的双电子层结构，使其加速破乳，破乳后的乳化沥青失稳脱水形成具有一定黏性的沥青颗粒[153]。在 CEAC 喷涂到壁面时，材料中的水分会因其与壁面的撞击作用下脱离，沥青颗粒由于挤压作用相互聚集，使其整体内聚力提高，从而提高了提高一次喷涂厚度，降低了回弹率。

图 4.16 所示为乳化沥青含量对 CEAC 流变性能的影响。

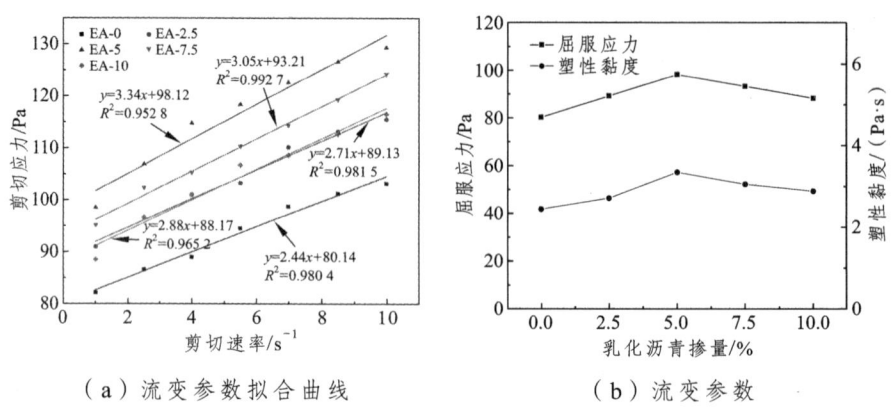

（a）流变参数拟合曲线　　　　　（b）流变参数

图 4.16  乳化沥青掺量对 CEAC 流变性能的影响

由图 4.16（a）可知，在不同乳化沥青含量下，剪切应力与剪切速率之间存在良好的线性关系，$R^2$ 在 0.95～0.99 之间。图 4.16（b）所示为乳化沥青掺量对 CEAC 流变参数的影响。可以看出，随着乳化沥青掺量的增加，CEAC 的屈服应力与塑性黏度均呈现先增大后减小的变化规律，在乳化沥青掺量为 5% 时出现最大值。这是因为在 CEAC 中，水泥的水化过程与沥青的破乳过程是同时进行的。当乳化沥青掺量小于 5% 时，水泥的水化过程占主导地位，乳化沥青破乳后形成的沥青颗粒使整个体系黏度增大，增大了颗粒间的摩擦力，从而提高了 CEAC 的屈服应力与塑性黏度。当乳化沥青掺量大于 5% 时，沥青的破乳占主导地位，过多的沥青颗粒吸附到水泥颗粒上，从而延缓了水泥的水化硬化[154]。此外，乳化沥青中的乳化剂成分为表面活性剂，其与减水剂成分相似，具有润滑作用，从而降低了 CEAC 的屈服应力与塑性黏度[155]。结合 CEAC 在乳化沥青掺量为 5% 时具有良好的流变性能，最终确定乳化沥青的最佳掺量为 5%，此时 CEAC 一次喷涂厚度与回弹率分别为 29 mm 和 12.75%，屈服应力和塑性黏度分别为 98.12 Pa 和 3.34 Pa·s。

### 4.5.5　PVA 纤维掺量的影响

图 4.17 所示为 PVA 纤维掺量对 CEAC 堆积厚度和回弹率的影响。

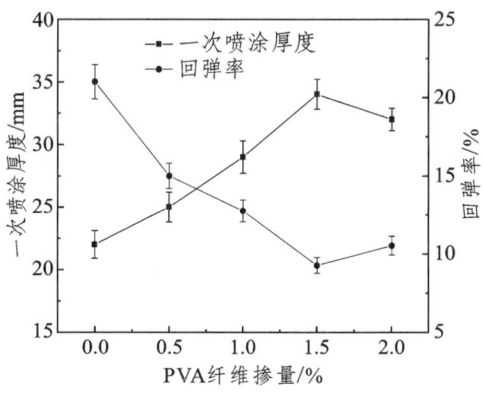

图 4.17　PVA 纤维对 CEAC 喷涂性能的影响

由图 4.17 可以看出，随着 PVA 纤维掺量的增加，CEAC 的一次喷涂厚度先增大后减小，回弹率先减小后增大。当 PVA 纤维含量为 1.5% 时，喷涂性能最佳，此时的一次喷涂厚度和回弹率分别为 34 mm 和 9.27%。这是因为水泥基材料中无序分布的纤维与胶凝材料的颗粒之间产生的摩擦力限制了浆液的流动,使浆液的流动性降低,稳定性提升[156]。此外,由于 PVA 纤维是亲水性的,因此部分水分子会被 PVA 纤维吸收或吸附在纤维附近,这不仅可以加速水泥的凝结硬化,而且还增加了浆液的黏度[157]。当 PVA 纤维含量大于 1.5% 时,过量的纤维影响了纤维在浆液中的分散均匀性,导致纤维之间重叠、团聚,从而降低了 CEAC 的喷涂性能[158]。

图 4.18 所示为 PVA 纤维含量对 CEAC 流变性能的影响。

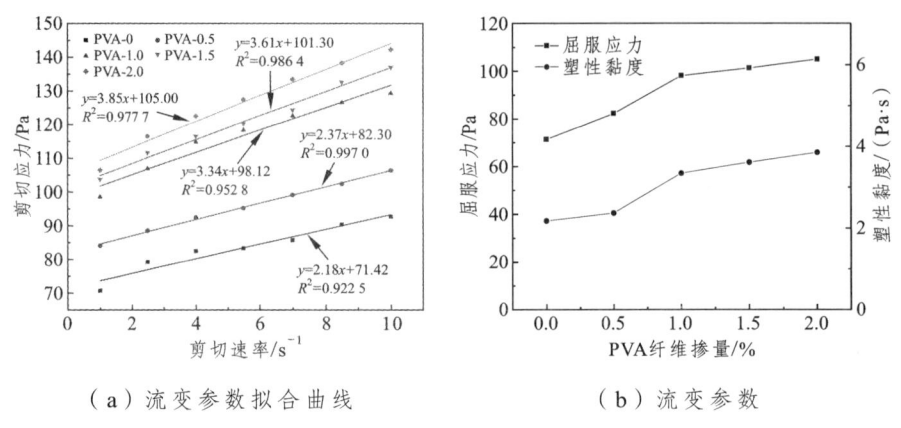

(a)流变参数拟合曲线　　　　(b)流变参数

图 4.18　PVA 纤维对 CEAC 流变性能的影响

由图 4.18(a)可知,在不同 PVA 纤维含量下,剪切应力和剪切速率之间存在良好的线性关系,$R^2$ 在 0.92~0.99 之间。图 4.18(b)所示为 PVA 纤维掺量对 CEAC 流变参数的影响。可以看出,随着 PVA 纤维掺量的增加,CEAC 的屈服应力与塑性黏度均增大。这是由于 PVA 纤维的吸水特性使固体颗粒表面水膜厚度降低,固体颗粒间的碰撞概率和摩擦力的增加。在这种作用下,增大了 CEAC 的屈服应力与塑性黏度[159]。结合 CEAC 在 PVA 纤维掺量为 1.5% 时具有最佳喷涂性能,最终确定了 PVA 纤维的最佳掺量为 1.5%,此时 CEAC 屈服应力和塑性黏度分别为 101.30 Pa 和 3.61 Pa·s。

## 4.6　CEAC 喷涂性能与流变参数的关系

图 4.19 所示为 CEAC 喷涂性能与流变参数的拟合关系。

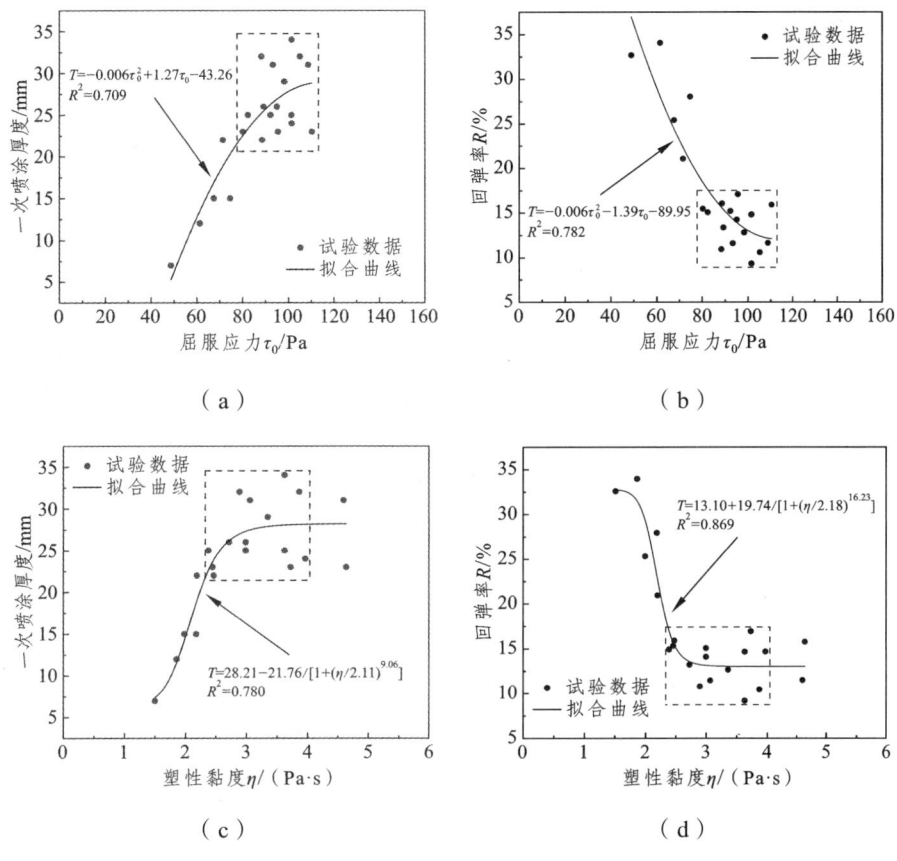

图 4.19 CEAC 喷涂性能与流变参数的关系

由图 4.19（a）、（c）可以看出，CEAC 的屈服应力 $\tau_0$ 和塑性黏度 $\eta$ 均与一次喷涂厚度 $T$ 呈正相关，具体拟合方程如式（4.3）和（4.4）所示：

$$T = -0.006\tau_0^2 + 1.27\tau_0 - 43.26 \tag{4.3}$$

$$T = 28.21 - 21.76/[1+(\eta/2.11)^{9.06}] \tag{4.4}$$

由图 4.19（b）、（d）可以看出，CEAC 的屈服应力 $\tau_0$ 和塑性黏度 $\eta$ 均与回弹率 $R$ 呈负相关，具体拟合方程如式（4.5）和（4.6）所示：

$$R = 0.006\tau_0^2 - 1.39\tau_0 + 89.95 \tag{4.5}$$

$$R = 13.10 + 19.74/[1+(\eta/2.18)^{16.23}] \tag{4.6}$$

众所周知，随着屈服应力的增加，材料流动性变差。此时，若提高 CEAC 的屈服应力，将提高其一次喷涂厚度，降低回弹率。当塑性黏度提高时，材料在受到外力作用时的抗变形性能以及变形过程中的内摩擦力均会增大。相应地，材料的内聚力也会提升，这会导致其一次喷涂厚度增加，回弹率降低。由图 4.19 可知，当屈服应力在 80.14～110.23 Pa，塑性黏度在 2.37～3.95 Pa·s 时，CEAC 具有更好的喷涂性能，其中一次喷涂厚度和回弹率分别为 22～34 mm 和 9.27%～17.01%。此外，从图 4.19 中可以看出，CEAC 的喷涂性能与流变参数之间的正负相关存在一定的离散性，这主要是由于喷涂效果受材料本身的性质与试验因素的影响。

图 4.20 所示为 CEAC 的回弹率与一次喷涂厚度的关系。

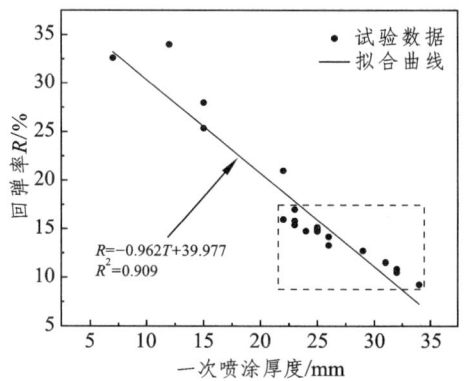

图 4.20　CEAC 回弹率与一次喷涂厚度的关系

由图 4.20 可以看出，CEAC 的一次喷涂厚度与回弹率呈线性负相关，其拟合关系为式（4.7），Yun 等[160]也得到了类似的研究结论。

$$R = -0.95T + 39.90 \tag{4.7}$$

## 4.7　本章小结

本章综合讨论了水固比、砂胶比、粉煤灰替换率、乳化沥青掺量和 PVA 纤维掺量对 CEAC 喷涂性能和流变性能的影响。建立了喷涂性能与流变参数的关系方程，得到了 CEAC 的最佳配合比。主要研究结论如下：

（1）根据不同配比 CEAC 喷涂性能和流变参数，利用控制变量法确定了 CEAC 的最佳配合比：水固比为 0.14，砂胶比为 0.5，粉煤灰替换率为 20%，乳化沥青掺量为 5%，PVA 纤维体积掺量为 1.5%。

（2）基于 CEAC 的喷涂性能与流变性能之间的关系，得到了适合在负温环境中喷涂的 CEAC 的喷涂性能和流变参数范围，其中屈服应力和塑性黏度范围分别为 80.14~110.23 Pa 和 2.37~3.95 Pa·s，一次喷涂厚度和回弹率分别为 22~34 mm 和 9.27%~17.01%。上述范围对 CEAC 在负温环境中喷涂应用具有指导意义。

（3）CEAC 的一次喷涂厚度与屈服应力和塑性黏度呈正相关，回弹率与屈服应力和塑性黏度呈负相关。在特定范围内，CEAC 的流变参数可以用来表征其喷涂性能。

# 5 负温乳化沥青喷射混凝土（EASC）性能研究

为提高喷射混凝土在高海拔低气温环境下的使用性能，基于前4章的研究成果，制备了可在负温环境下使用的乳化沥青喷射混凝土（EASC）。采用正交试验研究了关键配合比参数对EASC工作性能的影响，优化了EASC关键配合比参数，通过混凝土喷射试验及室内试验研究了乳化沥青与PVA纤维对EASC性能的影响，结合EASC的扫描电子显微镜图像与孔隙结构特征，分析了乳化沥青对EASC的改性机理。

## 5.1 原材料

水泥基材料为3.2.2节制备的CEA浆体，其在 $-10\ ℃$ 环境下的凝结时间见第3.5.1；减水剂选用聚羧酸系高性能减水剂，其主要性能指标见表5.1；细集料为天然河砂，根据《建设用砂》（GB/T 14684—2022）[161]的试验方法对其主要技术指标与级配进行检测，测试结果见表5.2、表5.3；粗集料选用最大公称粒径为 5~10 mm 的连续级配碎石，根据《建设用卵石、碎石》（GB/T 14685—2022）[162]的试验方法对其主要技术指标与级配进行检测，测试结果见表5.4、表5.5。粉煤灰与PVA纤维同第4.1节，拌和水溶液同第2.2.1节。

表 5.1　减水剂性能指标

| 固含量/% | pH 值 | 减水率/% | 碱含量/% |
| --- | --- | --- | --- |
| 30 | 5.2 | 25 | 1.38 |

表 5.2　河砂技术指标

| 细度模数 | 表观密度/(g·cm$^{-3}$) | 含泥量/% | 泥块含量/% |
|---|---|---|---|
| 2.8 | 2.51 | 0.18 | 0 |

表 5.3　河砂级配

| 筛孔孔径/mm | 分计筛余/% | 累计筛余/% |
|---|---|---|
| 4.75 | 1.99 | 1.99 |
| 2.36 | 5.95 | 7.94 |
| 1.18 | 10.41 | 18.35 |
| 0.6 | 18.45 | 36.80 |
| 0.3 | 38.27 | 75.07 |
| 0.15 | 21.78 | 96.85 |
| <0.15 | 2.51 | 99.36 |

表 5.4　粗集料技术指标

| 表观密度/(g·m$^{-3}$) | 含泥量/% | 压碎值/% | 针片状含量/% |
|---|---|---|---|
| 2 600 | 0.4 | <20 | 3.0 |

表 5.5　碎石级配

| 筛孔孔径/mm | 分计筛余/% | 累计筛余/% |
|---|---|---|
| 16 | 0 | 0 |
| 9.5 | 5 | 5 |
| 4.75 | 90.7 | 95.7 |
| 2.36 | 4.3 | 100 |

## 5.2　EASC 的制备及养护条件

为精准模拟高海拔负温环境，采用恒温恒湿环境试验箱对所有原材料及试件进行养护，环境温度设置为 -10 ℃，相对湿度设置为 50%，将所有原材料放入试验箱中保温 24 h。在制备喷射混凝土材料的过程中，先将称量好的水泥、砂石集料、经机械分散好的纤维投入混凝土搅拌机中进行干拌，干拌 5 min 后，再将乳化沥青、减水剂溶于水后一同加入到搅拌机中进行湿拌，湿拌 5 min 后，最终得到 EASC。

所有喷射试验均在 30 min 内完成，以消除温度变化对试验结果的影响。需进行室内试验的试件在养护 1 d 后脱模，然后将试件套上保鲜膜继续养护，最后将养护至龄期的试件分别取出进行室内试验。

## 5.3 关键配合比参数对 EASC 工作性能的影响

### 5.3.1 评价指标及试验方法

1. 泵送性能

以扩展度作为 EASC 泵送性能评价指标，试验方法参照《普通混凝土拌合物性能试验方法标准》（GB/T 50080—2016）[163]。

2. 喷射性能

以回弹率作为 EASC 的喷射性能评价指标。采用 SPB9-T 混凝土湿喷机（图 5.1）进行 EASC 喷射试验。混凝土喷射试验过程及回弹率测试方法如图 5.2 与图 5.3 所示。回弹率计算公式参照式（4.1）。

图 5.1 混凝土湿喷机

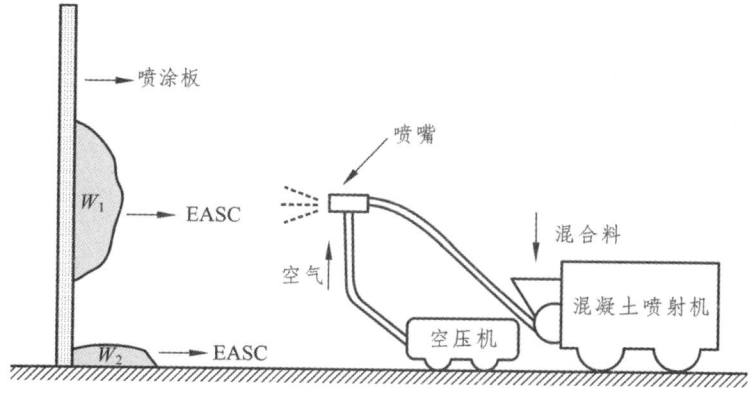

图 5.2 混凝土喷射试验方法

（a）混凝土喷射过程

（b）喷射混凝土

图 5.3 混凝土喷射试验

### 5.3.2 正交试验设计

基于混凝土材料科学的理论基础和实践经验，本研究确定了以下关键配合比设计参数，这些参数对混凝土工作性（胶凝材料用量、水胶比、砂率以及粉煤灰的替代率）有重要影响。其中，胶凝材料的用量和水胶比是决定混凝土性能的核心因素。过高的用水量在喷射混凝土中可能引发离析和泌水现象，进而削弱混凝土的耐久性；而用水量过低则可能导致喷射混凝土工作性不佳。因此，水胶比需精确控制，以满足喷射混凝土对黏聚性的需求，尤其是高性能喷射混凝土。该类混凝土要求良好的黏聚性，以确保其在应用过程中具备优良的力学性能和耐久性，本研究适当增加了水泥用量，并适当降低了水胶比。在本试验中，选定的胶凝材料用量为

460 kg/m³、480 kg/m³、500 kg/m³，水胶比设定为 0.36、0.38、0.40 三个水平。砂率是影响混凝土工作性和力学性能的关键参数之一。由于喷射混凝土对流动性要求较高，同时为减少回弹量，通常采用较高的砂率水平。在本试验中，选取了 0.45、0.50 和 0.55 三种砂率，以探讨其对喷射混凝土工作性的具体影响。通过调整砂率，可以显著改善喷射混凝土的流动性和施工性能。此外，粉煤灰的掺入对新拌喷射混凝土的性能具有显著的优化作用，粉煤灰不仅能够改善其早期的工作性，还能提高混凝土后期的强度和耐久性。合理控制粉煤灰替代率，可有效提升喷射混凝土的整体性能，为满足其力学和耐久性需求提供了保障。用粉煤灰替代部分水泥可以改善喷射混凝土的工作性和强度，增加新拌混凝土的粘聚性，并在一定程度上降低施工过程中的回弹率。本试验中，选定的粉煤灰替代率为 15%、20%、25% 三个水平。

本次正交试验选用正交表 $L_9(3^4)$，试验选定的因素及其水平见表 5.6，正交试验方案见表 5.7。

表 5.6 正交试验设计

| 因素 | 胶凝材料用量/(kg/m³) | 水胶比 | 砂率/% | 粉煤灰替换率/% |
|---|---|---|---|---|
| 水平 | 460 | 0.36 | 45 | 15 |
| | 480 | 0.38 | 50 | 20 |
| | 500 | 0.40 | 55 | 25 |

表 5.7 正交试验表

| 编号 | 胶凝材料用量/(kg/m³) | 水胶比 | 砂率/% | 粉煤灰替换率/% |
|---|---|---|---|---|
| 1 | 460 | 0.36 | 45 | 15 |
| 2 | 460 | 0.38 | 55 | 20 |
| 3 | 460 | 0.40 | 50 | 25 |
| 4 | 480 | 0.36 | 55 | 25 |
| 5 | 480 | 0.38 | 50 | 15 |
| 6 | 480 | 0.40 | 45 | 20 |
| 7 | 500 | 0.36 | 50 | 20 |
| 8 | 500 | 0.38 | 45 | 25 |
| 9 | 500 | 0.40 | 55 | 15 |

有研究表明[164]，喷射混凝土坍落度在 180～220 mm 时具有良好的工作性，固定乳化沥青掺量为胶凝材料质量的 5%（乳化沥青固体质量与水泥的质量比），调配适量的减水剂，以确保各组配比下 EASC 的坍落度在 200 mm 左右。表 5.8 为不同配合比参数喷射混凝土配合比。

表 5.8　不同配合比参数喷射混凝土配合比　　单位：$kg/m^3$

| 编号 | 水泥 | 粉煤灰 | 乳化沥青 | 砂 | 石 | 水 | 减水剂 |
|---|---|---|---|---|---|---|---|
| 1 | 391 | 69 | 46 | 772 | 944 | 143 | 3.5 |
| 2 | 368 | 92 | 46 | 944 | 772 | 138 | 3.2 |
| 3 | 345 | 115 | 46 | 858 | 858 | 161 | 3.0 |
| 4 | 360 | 120 | 48 | 944 | 772 | 149 | 4.3 |
| 5 | 408 | 72 | 48 | 858 | 858 | 158 | 4.1 |
| 6 | 384 | 96 | 48 | 772 | 944 | 168 | 4.0 |
| 7 | 400 | 100 | 50 | 858 | 858 | 150 | 4.7 |
| 8 | 375 | 125 | 50 | 772 | 944 | 165 | 4.4 |
| 9 | 425 | 75 | 50 | 944 | 772 | 175 | 4.2 |

### 5.3.3　试验结果与分析

根据上述试验方案，选择扩展度、回弹率作为检验指标，试验结果见表 5.9。

表 5.9　正交试验结果

| 编号 | 扩展度/mm | 回弹率/% |
|---|---|---|
| 1 | 442 | 23.8 |
| 2 | 451 | 21.5 |
| 3 | 459 | 20.1 |
| 4 | 434 | 17.8 |
| 5 | 443 | 18.1 |
| 6 | 430 | 16.5 |
| 7 | 431 | 17.0 |
| 8 | 482 | 17.6 |
| 9 | 480 | 17.1 |

采用"极差分析法"对试验结果进行分析处理，处理结果见表5.10。

表 5.10　极差分析表

| 因子 | 扩展度/mm | 回弹率/% |
|---|---|---|
| 胶凝材料用量 | 28.67 | 4.57 |
| 水胶比 | 22.67 | 1.63 |
| 砂率 | 17.67 | 1.90 |
| 粉煤灰替换率 | 18.00 | 1.33 |

1. 扩展度的影响

从表5.10分析可得，影响EASC扩展度各因素极差排列顺序依次为：胶凝材料用量 > 水胶比 > 粉煤灰替换率 > 砂率。

正交试验因素水平变化对EASC扩展度的影响趋势如图5.4所示。

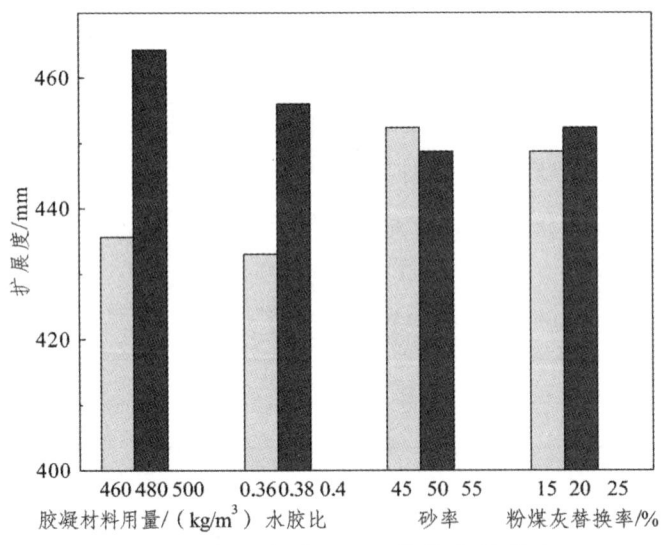

图 5.4　各因素对EASC扩展度的影响

由图5.4可知，EASC扩展度随胶凝材料用量的增加先增大后减小。这是因为随着胶凝材料用量的增加，混凝土的浆体体积会变大，从而有更多的浆体填充砂石间隙，减少砂石间的摩擦阻力，提高混凝土的流动性。这样会使得混凝土的扩展度增大，流淌性变好。然而，当胶凝材料用量增加到一定程度后，其对混凝土扩展度的提升作用会逐渐减弱，这是因为过多的浆体会导致混凝土的黏度增大，反而影响其流动性。

EASC 扩展度随水胶比的增大先增大后减小，这是因为水胶比越大，混凝土中的自由水含量就越多，更多的自由水可以润滑混凝土内部的颗粒，减少颗粒间的摩擦阻力，使得混凝土在受到外力作用时更容易发生流动和扩展。当水胶比增加到一定程度后，其对扩展度的提升作用会逐渐减弱，这是因为过高的水胶比会导致混凝土中的浆体过于稀薄，虽然流动性增强，但可能引发泌水、离析等问题，反而降低了混凝土的扩展度和整体性能。

EASC 扩展度随粉煤灰替换率的增大先增大后减小，这是因为粉煤灰的细小颗粒能够填充水泥颗粒之间的空隙，使混凝土更加紧密，从而改善混凝土的流动性。随着粉煤灰掺量的增加，这种填充作用增强，混凝土的扩展度也相应增大。此外，粉煤灰的球状形状有助于减少混凝土的内摩擦，进一步提高混凝土的可挤性和可泵性，使混凝土更易于挤出和传输，从而在施工中获得更好的工作性能。但当粉煤灰替换率达到一定水平时，混凝土可能会出现泌水、离析等现象，这些都会降低混凝土的扩展度。

EASC 扩展度随砂率的增大而逐渐降低，主要是因为砂率的增大使骨料的总表面积增加，但水泥浆量相对不足，导致包裹于骨料表面的水泥浆厚度过薄，水泥浆对骨料的润滑作用减弱，混凝土的流动性变差，扩展度也随之减小。

2．回弹率的影响

由表 5.10 可知，影响 EASC 回弹率各因素极差排列顺序依次为：胶凝材料用量 > 砂率 > 水胶比 > 粉煤灰替换率。

正交试验因素水平变化对 EASC 回弹率的影响趋势如图 5.5 所示。

由图 5.5 可知，EASC 回弹率随胶凝材料用量的增加与水胶比的增大持续降低，随砂率、粉煤灰替换率的提高先降低后增大。当胶凝材料用量增大时，湿喷混凝土回弹量减小。这是因为更多的水泥能够形成更多的水化产物，增强混凝土的内部结构，提高其强度和黏附性。

砂率也是 EASC 回弹率的关键因素。适宜的砂率可以确保混凝土具有良好的施工性能。当砂率过低时，混凝土易堵管且强度离散性大；当砂率过高时，混凝土强度可能降低且回弹率增大。

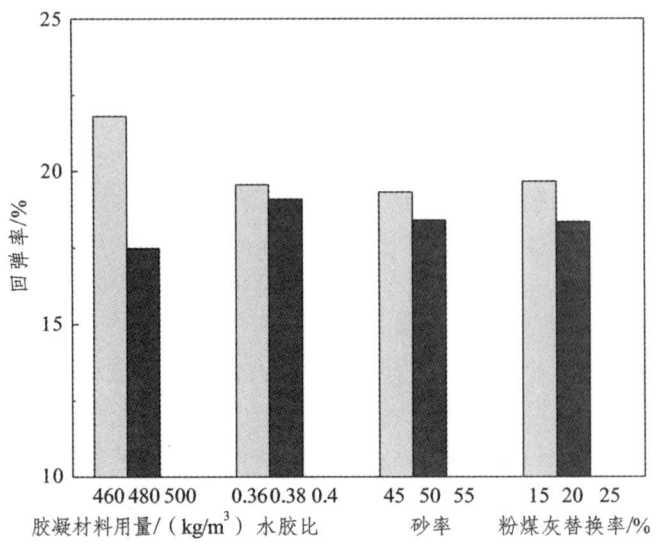

图 5.5 各因素对 EASC 回弹率的影响

水胶比是影响喷射混凝土回弹率的重要因素之一。在保持其他条件不变的情况下，增大水胶比可以提高混凝土的流动性和密实度，从而降低回弹率。

粉煤灰替换率一定程度上也影响着 EASC 的回弹率，其原因是粉煤灰替换率较低时，其填充效应和活性效应占主导地位，能够显著降低 EASC 的回弹率；但当粉煤灰替换率过高时，过多的粉煤灰会导致混凝土中水泥的黏结力减弱，从而降低其抗压强度和黏结性能，使回弹率增加。

由各因素对 EASC 扩展度与回弹率的影响规律可以看出，当胶凝材料用量为 480 kg/m³ 时，水胶比为 0.4，砂率为 50%，粉煤灰替换率为 20%，此时的 EASC 拥有较好的泵送与喷射性能。

### 5.3.4 关键配合比参数优化

根据正交试验结果进行分析并结合实践经验和材料特性分析，得到 EASC 优化关键配合比参数，EASC 关键配合比参数见表 5.11。

表 5.11 EASC 关键配合比参数　　　　　单位：kg/m³

| 水泥 | 粉煤灰 | 砂 | 石 | 水 |
| --- | --- | --- | --- | --- |
| 384 | 96 | 858 | 858 | 192 |

## 5.4 EASC 性能测试

为探究乳化沥青与 PVA 纤维对 EASC 性能的影响,将乳化沥青以 0%、2.5%、5%、7.5%、10%(与水泥固体质量比),PVA 纤维以 0%、0.25%、0.5%、0.75%、1.0%(与混凝土体积比)的比例外掺至混凝土中,结合第 5.3 节正交试验结果,确定了不同乳化沥青掺量与 PVA 纤维体积掺量的 EASC 试验配合比。EASC 试验配合比如表 5.12 所示。

表 5.12 喷射混凝土基准配合比　　　　　单位:kg/m³

| 组别 | 水泥 | 粉煤灰 | 乳化沥青 | 砂 | 石 | 水 | 减水剂 | PVA 纤维 |
|---|---|---|---|---|---|---|---|---|
| EA-0 | 384 | 96 | — | 858 | 858 | 192 | 6 | — |
| EA-2.5 | 384 | 96 | 24 | 858 | 858 | 180 | 5 | — |
| EA-5 | 384 | 96 | 48 | 858 | 858 | 168 | 4 | — |
| EA-7.5 | 384 | 96 | 72 | 858 | 858 | 156 | 3 | — |
| EA-10 | 384 | 96 | 96 | 858 | 858 | 144 | 2 | — |
| PVA-0 | 384 | 96 | 48 | 858 | 858 | 168 | 4 | — |
| PVA-0.25 | 384 | 96 | 48 | 858 | 858 | 168 | 4 | 1.14 |
| PVA-0.5 | 384 | 96 | 48 | 858 | 858 | 168 | 4 | 2.28 |
| PVA-0.75 | 384 | 96 | 48 | 858 | 858 | 168 | 4 | 3.42 |
| PVA-1 | 384 | 96 | 48 | 858 | 858 | 168 | 4 | 4.56 |

注:PVA-0、PVA-0.25、PVA-0.5、PVA-0.75、PVA-1 中,乳化沥青掺量均为 5%,所以 PVA-0 的配比与 EA-5 相同;外掺水的质量为总用水量减去乳化沥青中水的质量;由于乳化沥青具有减水剂的作用,因此减水剂掺量由 EASC 适配性决定,保证坍落度在 200 mm 左右。

### 5.4.1 传热性能

**1. 试验方法**

在多年冻土隧道的开挖过程中,通常在喷射混凝土施工 1 d 后设置钢拱架,以达到暂时支护的目的[165]。而喷射混凝土在施工后,其水化放热会传递至冻土内部,对冻土围岩产生热扰动,这就需要保证喷射混凝土对冻土围岩不能产生较大的热扰动,以防止冻土融化、坍塌,避免影响工程质量。本书采用水化温升试验测试 EASC 在负温环境下对冻土的传热性能。

在尺寸为 50 cm × 50 cm × 50 cm 的开口亚克力箱内放置厚度为 100 mm 的含水率为 10% 的多年冻土,再将 EASC 与冻土的界面处与冻土深度为 3 cm 处分别埋置温度传感器,实时监控界面处与冻土内部的温度变化,每 3 min 记录一次实时温度值,再向冻土表面浇筑一定厚度的 EASC,最后将亚克力箱放置于环境温度为 −10 ℃ 的环境箱中进行测试。试验原理及装置如图 5.6 所示。

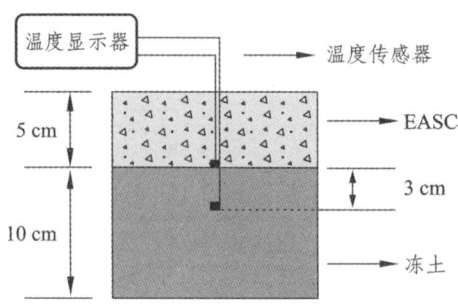

(a)试验原理

(b)试验过程

图 5.6　喷射混凝土水化温升试验

2. 测试结果

EASC 对冻土 1 d 内的热扰动影响规律如图 5.7 所示。

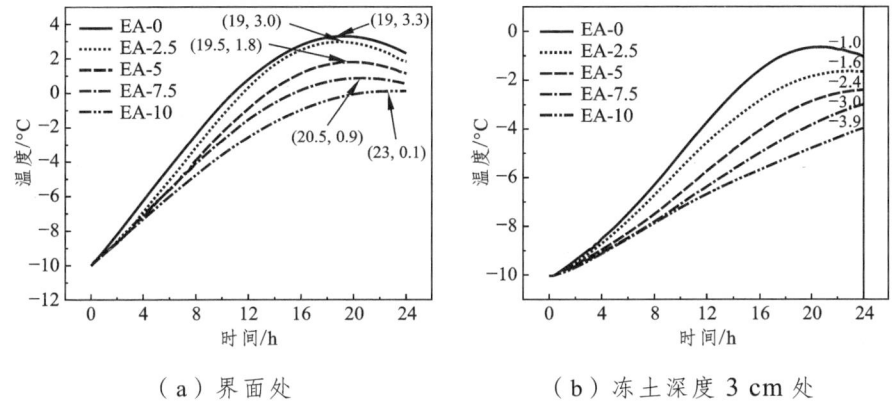

（a）界面处　　　　　　　　（b）冻土深度 3 cm 处

图 5.7　EASC 水化温升试验结果

由试验结果可以看出，在浇筑 EASC 后的 1 d 内，随着乳化沥青掺量的提高，EASC 与冻土界面处的最高温度由 3.3 ℃降至 0.1 ℃，达到最高温度的时间由 19 h 推迟到了 23 h，距冻土表层 3 cm 处的最高温度由 -1.0 ℃降至 -3.9 ℃，乳化沥青掺量小于 5% 时，均在 24 h 内达到了最高温度，而乳化沥青掺量大于 5% 时，达到最高温度的时间均为 1 d 后。不难看出，乳化沥青的掺入减弱了喷射混凝土对冻土的热扰动，这是因为掺入乳化沥青后，乳化沥青的破乳过程吸收了一部分水泥水化产生的热量，从而延缓了水泥水化放热速率，推迟了水泥水化放热峰形成的时间[166]。因此，随着乳化沥青掺量的增加，EASC 放热导致的冻土升温逐渐降低，达到最高温度的时间推迟，EASC 对冻土的热扰动逐渐减小。

由于在 EASC 中添加一定体积掺量的 PVA 纤维后，冻土各位置处的温度未发生较大变化，故此处未分析 PVA 纤维对 EASC 传热性能的影响，并认为 PVA 纤维对 EASC 的传热性能的影响可忽略不计。

### 5.4.2　回弹率

1．测试方法

同第 5.3.1 节，此处不再赘述。

2．测试结果

为减少混凝土的回弹，通常向普通喷射混凝土中添加速凝剂，以加快混凝土水化硬化，从而快速黏结到壁面上[167-170]。本书为降低喷射混凝土回弹率，通过加入乳化沥青与 PVA 纤维增加混凝土黏性的方法实现。图 5.8 所示为不同乳化沥青掺量与 PVA 掺量的 EASC 回弹率测试结果。

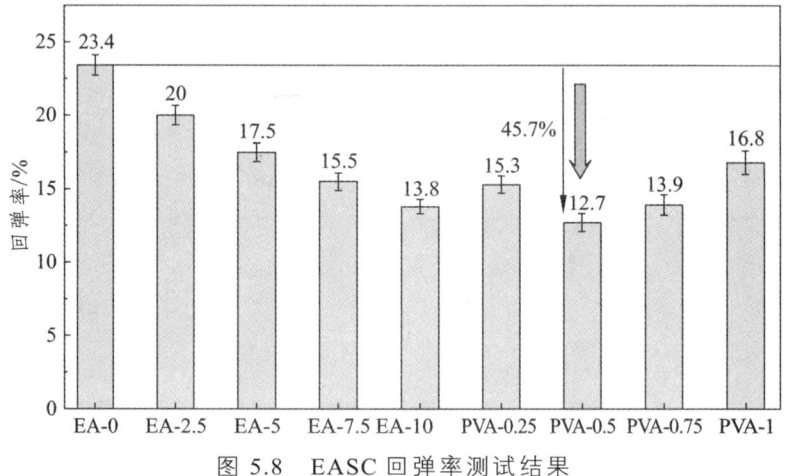

图 5.8 EASC 回弹率测试结果

由图 5.8 可以看出，EASC 在负温环境下的回弹率随着乳化沥青掺量的增加持续减小，乳化沥青掺量为 10%时，回弹率仅为 13.8%。这是因为水泥水化时，一方面加速了水分的消耗，另一方面会溶解出 $Ca^{2+}$、$Al^{3+}$ 等阳离子，从而破坏乳化沥青的双电子层结构，使得乳化沥青在负温条件下可以加速破乳[171,172]。破乳后的乳化沥青为 EASC 提供了足够的黏结力，进而改善了其与壁面的黏接性能，降低了回弹率。

EASC 在负温环境下的回弹率随着 PVA 纤维体积掺量的增加先减小再增大。当 PVA 纤维体积掺量为 0.5%时，EASC 回弹率最小，仅为 12.7%，较普通喷射混凝土回弹率降低了 45.7%。PVA 纤维对喷射混凝土回弹率的影响主要体现在其对混凝土黏聚性和可压缩性的增强作用上。当 PVA 纤维掺入喷射混凝土中，与混凝土基体紧密结合，形成了一种增强网络，这有助于减少混凝土在喷射过程中的散落和回弹。具体来说，纤维的加入可以增加喷射混凝土的黏聚性，使其更加黏稠和不易散开。这有助于在喷射过程中保持混凝土的稳定性，减少因冲击和振动引起的混凝土散落。同时，纤维的拉应力作用有助于增强混凝土抗自重坠落的能力，进一步降低回弹率。然而，过量的纤维会造成混凝土工作性能与喷射性能的损失，使回弹率增大。

### 5.4.3 黏结强度

**1. 测试方法**

在尺寸为 100 mm 的立方体试模中放置经过加工,含水率为 20% 的 100 mm × 100 mm × 50 mm 的冻土试块,并将新拌 EASC 浇筑至试模顶面,将顶面刮平带模负温养护 1 d 后,脱模养护至 28 d 龄期,在冻土与 EASC 接合面处进行劈裂试验,试验方法如图 5.9 所示。以混凝土劈裂抗拉强度作为 EASC 黏结强度值,劈裂抗拉试验依据《混凝土物理力学性能试验方法标准》(GB/T 50081—2019)[173]中的规定。整个试验过程要在 5 min 内完成,以消除温度对冻土试件热扰动的影响。

EASC 的劈裂抗拉强度按式(5.1)计算:

$$f_{ts} = \frac{2P}{\pi A} = 0.637 \frac{P}{A} \qquad (5.1)$$

式中:$f_{ts}$——EASC 劈裂抗拉强度(MPa);
　　　$P$——破坏荷载(N);
　　　$A$——试件劈裂面积($mm^2$)。

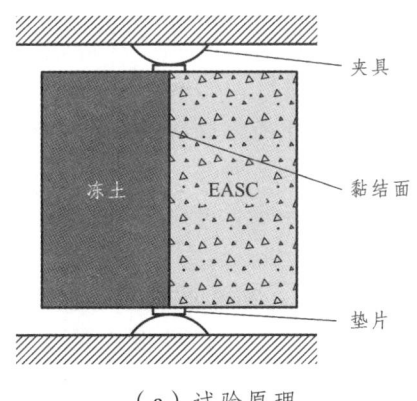 

(a)试验原理　　　　　　　　　　(b)试验过程

图 5.9　劈裂抗拉试验

**2. 测试结果**

喷射混凝土与壁面较好的黏结可以降低其回弹率,并且提高混凝土的致密性。图 5.10 所示为 EASC 与冻土之间的黏结强度测试结果。

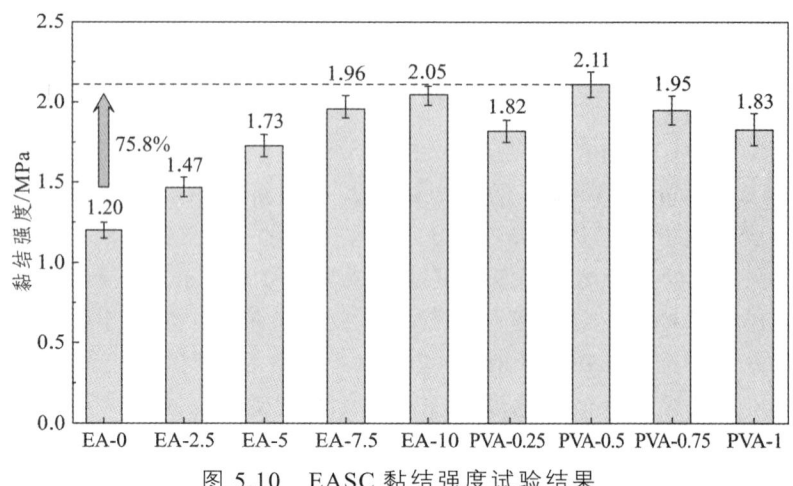

图 5.10　EASC 黏结强度试验结果

由图 5.10 可知，EASC 与冻土之间的黏结强度随乳化沥青掺量的增加而提高，EASC 黏结性能逐渐提升。乳化沥青掺量增加至 10% 时，EASC 黏结强度达到 2.05 MPa，较普通喷射混凝土与冻土之间的黏结强度 1.20 MPa 增加了 70.8%。这是因为水泥水化加速了乳化沥青的破乳行为，粒径较小的沥青颗粒逐渐聚集成大颗粒，使其恢复了沥青材料的高黏度特性，从而增大了 EASC 与冻土界面之间的黏附性。除此之外，在负温养护环境与乳化沥青对水泥颗粒吸附作用的双重负面影响下，一小部分水泥颗粒未参与到水化反应中，这些未经过充分水化反应的水泥颗粒可以起到活性矿粉的作用，从而进一步提高两者的黏附性，提高 EASC 的黏结强度[174]。因此，在喷射混凝土中掺入乳化沥青，可以有效改善骨料与冻土界面之间的黏结性能。

由图 5.10 还可以看出，随着 PVA 纤维体积掺量的增加，EASC 与冻土之间的黏结强度先增大后减小，EASC 黏结性能先提升再减弱。PVA 纤维体积掺量为 0.5% 时，EASC 与冻土之间的黏性强度最大，为 2.11 MPa。纤维的加入能够改善混凝土的微观结构，纤维与混凝土基体之间良好的黏结形成了一种增强网络，这有助于增强混凝土的黏聚性和内聚力，提高混凝土的整体强度。其次，纤维的掺入还能够增加混凝土的界面面积，提高混凝土与周围环境的黏结力。纤维的拉应力作用能够增强混凝土与围岩或其他结构之间的黏结性能。此外，纤维的掺入量对喷射混凝土黏结性能的影响也不容忽视。适量的纤维掺入可以显著提高混凝土的黏结性能，但过多的纤维会出现结团、分布不均匀的现象，导致混凝土内部出现过多的空隙和缺陷，从而降低其黏结性能。

### 5.4.4 抗压抗折强度

**1．试验方法**

EASC 的抗压与抗折强度试件制作方法参照《岩土锚杆与喷射混凝土支护工程技术规范》（GB 50086—2015）[175]，试验方法参照《混凝土物理力学性能试验方法标准》（GB/T 50081—2019）[173]。测试 EASC 负温养护 3 d、7 d、28 d 后的抗压强度与抗折强度，并计算其折压比。力学性能试验过程如图 5.11 所示。

图 5.11 喷射混凝土力学性能试验

**2．试验结果**

（1）乳化沥青对 EASC 力学性能的影响。

不同乳化沥青掺量的 EASC 力学强度变化规律如图 5.12 所示。

由图 5.12 可以看出，乳化沥青的掺入会降低 EASC 的抗压抗折强度。在养护龄期为 28 d 时，乳化沥青掺量为 10% 的 EASC 抗压强度、抗折强度为普通喷射混凝土抗压、抗折强度的 59.4%、74.6%。乳化沥青对混凝土强度的削弱一方面是因为沥青材料自身强度不足，另一方面是因为乳化沥青掺量的增加会延缓水泥的水化硬化进程,从而降低了 EASC 的力学强度[153]。在负温养护环境下,EASC 后期强度增长较为缓慢。其中普通喷射混凝土 28 d 抗压强度与抗折强度较 7 d 时仅增长了 13.0% 与 7.9%。由第 2 章分析可知,焦磷酸钠的掺入可显著加速水泥的水化进程,铝酸盐水泥的掺入也有利于硅酸盐水泥在负温养护前 3 d 产生较高的抗压强度,但不利于后期的强度增长。这也是 EASC 后期强度增长缓慢的重要原因。

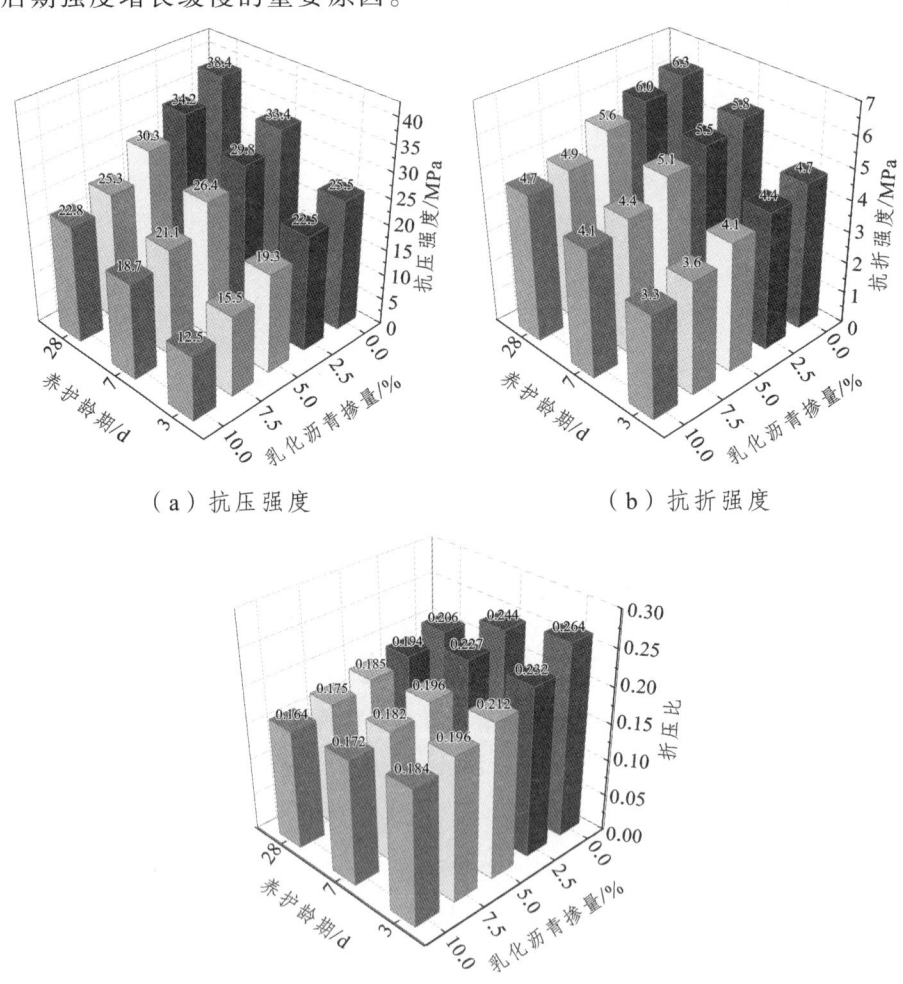

图 5.12 乳化沥青对 EASC 力学强度的影响规律

混凝土折压比是混凝土抗折强度与抗压强度的比值，是一个无量纲的参数，用来表示混凝土的脆性，折压比越大，表明混凝土的柔韧性与抗裂性能越好[176]。从图 5.12（c）可以看出，乳化沥青的增加会使 EASC 的折压比增加，即混凝土在相同压力下被压缩的程度会变大。这是因为乳化沥青的黏滞性和柔韧性较高，增强了混凝土的塑性变形能力。在受到压力时，EASC 中的沥青成分会起到一定的缓冲作用，使混凝土更容易发生塑性变形，从而提高了折压比，增加了混凝土的抗裂性能。

（2）PVA 纤维对 EASC 力学性能的影响。

不同 PVA 纤维体积掺量的 EASC 力学强度变化规律如图 5.13 所示。

由图 5.13（a）可知，在相同养护龄期下，随着 PVA 纤维掺量的增加，EASC 的抗压强度逐渐降低，并且随着养护龄期的增加，抗压强度降低幅度也在逐渐减小。例如，在 PVA 纤维掺量从 0% 到 1% 的过程中，EASC 的 3 d 抗压强度由 19.3 MPa 降低到 11.4 MPa，降幅为 40.9%；7 d 抗压强度由 26.4 MPa 降低到 20.5 MPa，降幅为 22.3%；28 d 抗压强度由 30.3 MPa 降低到 26.8 MPa，降幅为 11.6%。PVA 纤维能降低混凝土早期抗压强度的原因在于，PVA 纤维在混凝土内占据了一些水泥水化产物的位置，其相互搭接而成的网状结构不能提供良好抗压强度。此外，在 PVA 纤维掺量提高时，由于 PVA 纤维密度较小，同体积下分布的纤维数量较多，使得 PVA 纤维在混凝土内部不易分散均匀，混凝土内部孔隙增加，降低了喷射混凝土的抗压强度。PVA 纤维降低混凝土后期抗压强度的原因在于，混凝土的抗压强度主要来源于水泥水化产物的胶结作用、骨料间的咬合作用以及混凝土内部的密实程度。PVA 纤维虽然能够增强混凝土的某些性能，但它并不直接参与水泥水化过程，与不掺 PVA 纤维的喷射混凝土相比，掺有 PVA 纤维的喷射混凝土需要更长的养护龄期才能达到相同的力学强度，因此 PVA 纤维对喷射混凝土后期抗压强度的影响较小。

由图 5.13（b）可知，掺入 PVA 纤维可以显著提高喷射混凝土的抗折强度。负温养护 28 d 后，掺有 0.25%、0.5%、0.75%、1% 体积掺量的 PVA 纤维的喷射混凝土抗折强度较不掺 PVA 纤维的喷射混凝土提高了 4.9%、9.8%、17.1%、24.4%。随着养护龄期的增加，PVA 纤维对于喷射混凝土抗折强度的提升更为显著。养护 28 d 后，掺有 0.25%、0.5%、0.75%、1% 体积掺量的喷射混凝土抗折强度较不掺 PVA 纤维的喷射混凝土分别提高了 8.9%、17.9%、30.4%、39.3%。PVA 纤维提高喷射混凝土抗折强度的原因在于，当混凝土受到外力作用时，PVA 纤维以其高模量、高强度的特性，能有效承担部分拉应力，减轻混凝土基体的负担。这种增强效应使其抗折强度得到显著提高。

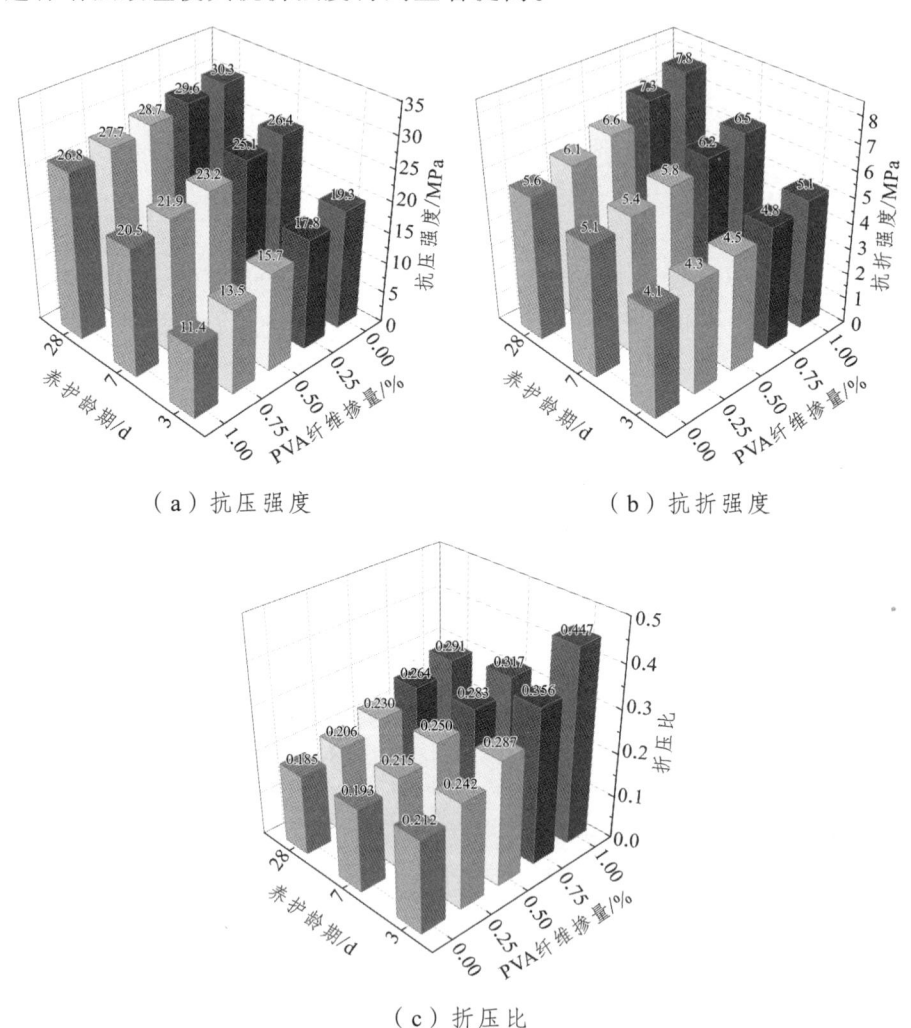

图 5.13　PVA 纤维对 EASC 力学强度的影响规律

由图 5.13（c）可知，掺入 PVA 纤维后，混凝土折压比明显增加，韧性得到明显改善。这主要归因于 PVA 纤维在混凝土中形成的三维网状结构有效阻止了裂缝的扩展和形成。此外，由于 PVA 纤维与水泥基材的结合良好，混凝土在受到压力时，PVA 纤维能够吸收部分能量，减轻混凝土的应力集中现象。其内部的应力分布更加均匀，从而提高了混凝土的折压比。

### 5.4.5 体积稳定性

**1. 试验方法**

混凝土的体积稳定性是指混凝土在成型后，其体积变化的倾向。这涉及多个阶段的体积变化，如早期的沉降和收缩、干燥过程中的收缩、水泥水化反应导致的自收缩以及因环境因素（如湿度和温度变化）引起的体积波动。相关研究指出，混凝土干燥收缩占总收缩量的 80% 左右[177]。当混凝土发生收缩并受到外部约束时，可能导致其内部产生应力，这种应力若超过混凝土的抗裂能力，便可能引起裂缝的形成。这些裂缝的存在会降低混凝土的抗渗性，进而影响其长期的耐久性能。因此，混凝土的干燥收缩性能影响着其体积稳定性，而体积稳定性是混凝土耐久性的基础。

采用的智能收缩膨胀检测仪如图 5.14 所示。对 EASC 进行体积稳定性测试，试验通过收缩槽一端的形变传感器实时监测材料在硬化过程中的形变数据，利用手机和电脑端可随时查看混凝土收缩全过程，并实时记录数据。试验测试了 EASC 负温养护 28 d 内的干燥收缩率，试件尺寸为 1 000 mm × 60 mm × 40 mm。

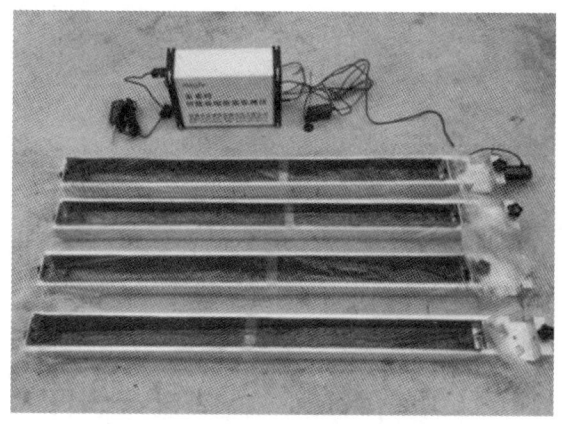

图 5.14 智能收缩膨胀检测仪

试验步骤如下：

(1)先将保鲜膜铺平在收缩试验模具上,再将新拌 EASC 分两次倒入模具中并振捣均匀。

(2)将应变传感器安装在试模顶端,以实时测量混凝土收缩变化。

(3)将试件放置于恒 −10 ℃ 的低温试验箱中进行养护。

(4)记录养护 1 d、3 d、7 d、14 d、28 d 的干燥收缩率数据。

2. 测试结果

不同乳化沥青掺量与 PVA 纤维体积掺量的 EASC 干燥收缩试验结果如图 5.15 所示。

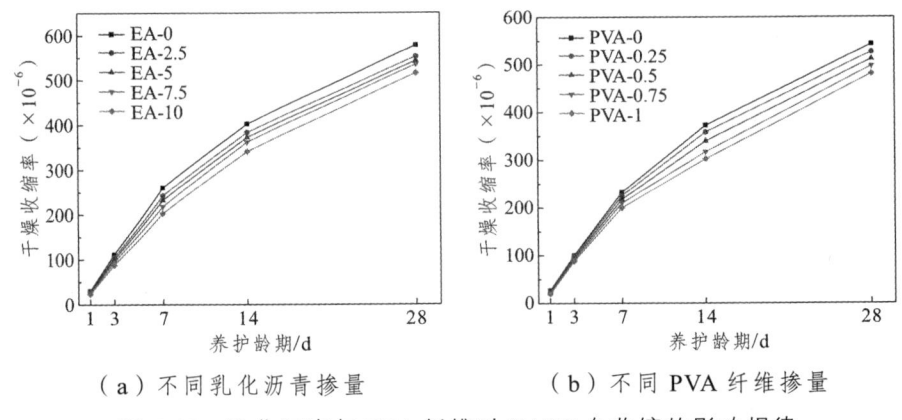

(a)不同乳化沥青掺量　　　　　(b)不同 PVA 纤维掺量

图 5.15　乳化沥青与 PVA 纤维对 EASC 自收缩的影响规律

由图 5.15 可以看出,各个龄期下的 EASC 有着不同程度的收缩,说明 EASC 在负温条件下可正常水化。图 5.15(a)所示为不同乳化沥青掺量下 EASC 干燥收缩发展规律。可以看出,在相同养护龄期下,随着乳化沥青掺量的增加,EASC 的干缩率逐渐减小。在负温养护 28 d 后,掺有 10% 乳化沥青的 EASC 干缩率较不掺乳化沥青的喷射混凝土的干缩率降低了 10.8%。乳化沥青的掺入可以降低混凝土在硬化过程中的收缩率,这是因为乳化沥青与水泥发生物理吸附作用,黏聚在一起成团簇状,作为混合料的结合料,填补了胶浆中的不同尺寸的空隙,降低了混合料的孔隙率,从而减少了水分蒸发的通道,抑制了因水分蒸发引起的干缩。同时,水泥水化产物在混合料中起到"加筋"效果,与乳化沥青的沥青膜和水化产物相互交织,形成立体网络结构,增强了混合料的整体性能,进一步抑制了水泥混凝土的收缩。此外,由前文分析可知,乳化沥青的加入会对水泥水化产生一定的抑制作用，因此，在相同养护龄期下，掺有乳化沥青的水泥混凝土水化程度弱于不掺乳化沥青的混凝土，其因内部毛细孔、凝胶孔中的吸附水丢失引起的收缩也有所减少。

图 5.15（b）所示为 PVA 纤维体积掺量下 EASC 干燥收缩发展规律。可以看出，在相同养护龄期下，随着 PVA 纤维体积掺量的增加，水泥混凝土的干缩率逐渐减小。在负温养护 28 d 后，掺有 1%PVA 纤维体积掺量的 EASC 干缩率较不掺 PVA 纤维的喷射混凝土的干缩率降低了 11.5%。PVA 纤维的掺入可以降低混凝土在硬化过程中的收缩率。PVA 纤维是一种高模量的合成纤维，具有良好的抗拉强度和柔韧性，当添加 PVA 纤维到混凝土中时，可以有效增强混凝土的韧性和延性。这种增强效果使得混凝土在受到外力或内部应力作用时，能够更好地抵抗变形和开裂，从而抑制收缩。混凝土在硬化过程中容易产生收缩裂缝，而 PVA 纤维的加入能够在微观层面上阻止这些裂缝的扩展。当裂缝尝试形成或扩展时，纤维会跨越裂缝，通过桥接作用传递拉应力，从而减缓或阻止裂缝的进一步发展。

### 5.4.6　耐久性能

#### 1．试验方法

EASC 的抗水渗透性能与抗氯离子渗透性能通过《普通混凝土长期性能和耐久性能试验方法标准》（GB/T 50082—2009）[178]中逐级加压法与电通量法进行评价。参照《普通混凝土长期性能和耐久性能试验方法标准》（GB/T 50082—2009）[178]中的快冻法，对养护龄期为 28 d 的 EASC 试件进行 300 次冻融循环，每隔 25 次冻融循环后测试试件的质量损失率与相对动弹性模量。

#### 2．试验结果

（1）防水性能。

在多年冻土区隧道进行喷射混凝土施工时，因喷射混凝土水化放热致使冻土围岩融化，水分慢慢渗出。这不仅会直接影响到施工环境，还会影响喷射混凝土的耐久性，因此研究 EASC 的防水性能至关重要。通过水泥混凝土逐级加压试验方法来测定 EASC 的防水性能，EASC 防水性能由抗渗等级确定，混凝土的抗渗等级越高，表明混凝土能在更大的水压力下不渗水，因此拥有更好的防水性能。不同乳化沥青掺量 EASC

的抗渗等级见表 5.13。

表 5.13 不同乳化沥青掺量 EASC 的抗渗等级

| 组别 | EA-0 | EA-2.5 | EA-5 | EA-7.5 | EA-10 | PVA-0.25 | PVA-0.5 | PVA-0.75 | PVA-1 |
|---|---|---|---|---|---|---|---|---|---|
| 抗渗等级 | P6 | P8 | P10 | P6 | P4 | P12 | P14 | P10 | P8 |

由表 5.13 可知，随着乳化沥青掺量的增加，EASC 的抗渗等级先提高再降低，抗渗性能呈现先提升再削弱的趋势。当乳化沥青掺量为 5% 时，EASC 抗渗等级达到 P10，抗水渗透性能最好。这是因为当乳化沥青掺量为 5% 时，水泥所发生的水化反应与乳化沥青破乳在负温养护环境下是同步发生的，两者形成的产物既是独立的又互相交织在一起，彼此渗透，进而形成了有效的空间立体网络结构[179]。这种空间结构可以有效阻碍 EASC 内部的水分迁移，提高 EASC 的抗水渗透能力。此外，沥青属于憎水性材料，而乳化沥青破乳后形成的沥青膜结构可以有效阻隔水分在 EASC 中的传输。当乳化沥青掺量大于 5%时，其对于水泥在负温养护下的水化进程有了更明显的延缓作用，因此导致水泥水化不完全，没有生成足够多的水化产物填充 EASC 内部孔隙，使得 EASC 抗水渗透性能下降。

掺入 PVA 纤维可以提高 EASC 的防水性能，但在 PVA 纤维体积掺量超过 0.5% 时，EASC 的防水性能又有下降趋势。当乳化沥青掺量为 5%，PVA 纤维体积掺量为 0.5% 时，EASC 抗渗等级达到最大，为 P14。这是因为，PVA 纤维是一种水溶性高分子材料，与水泥基体具有良好的亲和力和握裹力，可以填充混凝土中的孔隙和微裂缝，这意味着 PVA 纤维能够有效与混凝土结合，形成更加紧密的结构，这种紧密结构有助于阻止水分和有害物质的渗透，从而进一步提高混凝土的防水性能。此外，PVA 纤维与混凝土混合后，不发生任何化学反应，而是通过纯物理作用阻止混凝土裂缝的发展。混凝土本身是一种脆性材料，其内部容易产生微裂缝，这些裂缝在内外应力的作用下会发展扩大，从而影响混凝土的防水性能。PVA 纤维的加入可以有效阻止这些裂缝的扩展，通过形成均匀的各方向支撑体系，减少裂缝的产生和发展，从而提高混凝土的防水能力。在 PVA 纤维体积掺量超过 0.5%后，因其本身密度较小，导致同体积分布下 PVA 纤维较多，而过多的 PVA 纤维在混凝土搅拌过程中容易相互纠缠，形成结团。这些结团在混凝土内部形成不均匀的区域，破坏了混凝土原本均一的结构，导致混凝土内部存在空隙和薄弱点，这些空隙和薄弱点可能成为水分渗透的通道，从而降低了混凝土的防水性能。

（2）抗氯离子渗透性能。

在隧道结构中，喷射混凝土中原材料中含有少量氯离子，它们能够渗透进入混凝土内部，与混凝土中的 C-S-H 凝胶反应，形成氯化钙，导致混凝土强度降低。此外，氯离子还会与混凝土中的铝离子反应，形成氯化铝，导致混凝土体积膨胀和裂缝产生。因此，提高喷射混凝土的抗氯离子渗透能力，可以有效减少氯离子对混凝土的侵蚀，从而延长混凝土的使用寿命并增强其耐久性。

混凝土的电通量可以用来表征其抗氯离子渗透性，从而预测混凝土在实际使用环境中的耐久性。通过施加特定电压于混凝土试块的两端，并在设定的时间段内测量通过混凝土的总电通量，以评估混凝土的抗氯离子渗透能力。基于测量得到的电通量值，混凝土的抗氯离子渗透性能被划分为不同的等级：当测得的电通量低于 1 000 C 时，混凝土表现出较高的氯离子渗透性[180]。不同乳化沥青掺量的 EASC 电通量试验结果如图 5.16 所示。

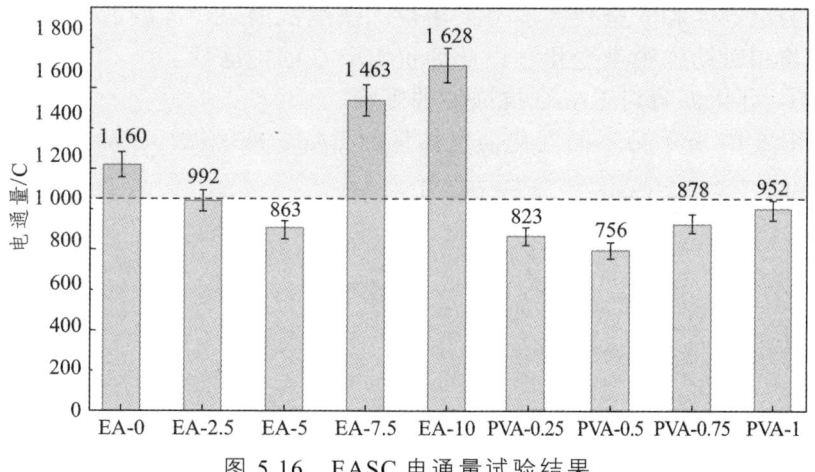

图 5.16　EASC 电通量试验结果

由图 5.16 可以看出，随着乳化沥青掺量的增加，EASC 抗氯离子渗透性能呈现先提升再削弱的趋势，当乳化沥青掺量为 2.5%、5%时，EASC 具有很低的氯离子渗透性；当乳化沥青掺量为 5%时，EASC 电通量仅为 863 C，抗氯离子渗透性能最好，继续增大乳化沥青掺量会对 EASC 抗氯离子渗透性有不利影响。这是因为，适当掺入乳化沥青会减少 EASC 内部的有害孔隙，减弱氯离子的渗透通道；并且乳化沥青是一种疏水材料，可以抵挡水溶液在混凝土内部的渗透，阻碍了氯离子的传输，若继续增大乳化沥青掺量，过量的乳化沥青对水泥水化进程的阻碍作用过大，导致水化不完全，最终影响 EASC 密实的微结构的形成[181]。

随着 PVA 纤维掺量的增加，EASC 的电通量先降低再增加，但均未超过 1 000 C，EASC 抗氯离子渗透性能呈现先提升再削弱的趋势。当 PVA 纤维体积掺量为 0.5%时，EASC 电通量最小，为 756 C。其原因在于，掺入适量的 PVA 纤维能够填补混凝土内部的孔隙，从而改善混凝土的微观结构。这种改善作用可以有效阻止氯离子的渗透，降低氯离子在混凝土中的扩散速度。但是过多的纤维不利于其在混凝土内的分布，进而造成结团现象，使得混凝土内部出现更多的孔隙和裂缝，增加了氯离子的渗透通道，降低了 EASC 的抗氯离子渗透性能。

（3）抗冻性。

在我国高海拔多年冻土地区，隧道工程经常受到寒冷气候的影响。在隧道洞口段，喷射混凝土必须满足抗冻性的要求，以确保其在严寒环境下的稳定性和安全性。本节采用快冻法测试 EASC 冻融前后的质量损失率与相对动弹模量变化，以此评价 EASC 的抗冻性。

① 乳化沥青对 EASC 抗冻性的影响。

图 5.17 所示为不同乳化沥青掺量的 EASC 冻融循环试验结果。

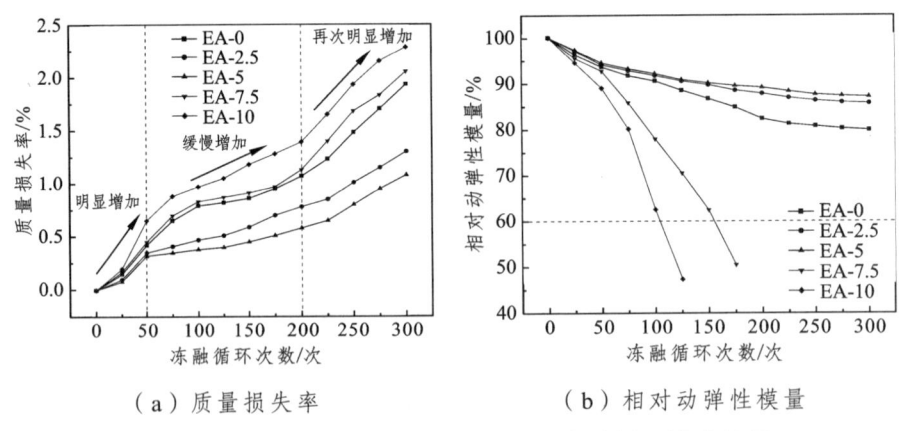

（a）质量损失率　　　　　　　（b）相对动弹性模量

图 5.17　不同乳化沥青掺量的 EASC 冻融循环试验结果

由图 5.17（a）可以看出，EASC 质量损失率与冻融循环次数成正比关系。在相同冻融循环次数下，掺有 5% 乳化沥青的 EASC 质量损失率最低，抗冻性最佳。在 300 次冻融循环作用下的质量损失率仅为 1%，且乳化沥青掺量大于 5% 的 EASC 质量损失率大于普通喷射混凝土。一方面是因为在乳化沥青掺量低于 5% 时，乳化沥青破乳之后可以增大集料之间的黏附性，从而提升混凝土的整体性；另一方面是因为沥青成分对水的阻隔减少了混凝土内部的水含量，在冻融循环条件下混凝土微孔冻胀破坏的概率也随之降低。当乳化沥青掺量大于 5% 时，其在水泥表面破乳形成的沥青颗粒太多，过多的沥青颗粒吸附到水泥颗粒表面，影响了水泥的正常水化作用，进而导致水化产物不丰富、结构不密实。此时混凝土内部的水分迁移通道变宽，在冻融循环条件下极易膨胀，导致混凝土内部结构破坏，抗冻性下降。不同乳化沥青掺量的 EASC 质量损失率变化呈现出类似的趋势：质量损失率先迅速上升，在经历 50 次冻融循环后达到一个峰值（这是因为冻融循环过程中，冰的形成产生的应力导致了样品表面逐渐脱落，从而增加了质量损失）；在冻融循环次数从 50 次增加到 150 次的过程中，不同乳化沥青含量的 EASC 质量损失率增长速度显著减缓，表明了冻融破坏主要影响试件的表层；在冻融循环达到 150 次之后，观察到不同乳化沥青掺量的 EASC 的质量损失率增长速度重新加快，其原因在于持续的冻融循环作用加剧了基体材料的损伤，导致质量损失率显著增加[182]。

由图 5.17（b）可以看出，EASC 相对动弹性模量与冻融循环次数成反比关系。掺有 7.5%、10% 乳化沥青的 EASC 相对动弹性模量分别在冻融循环 125 次和 175 次后降低到 60% 以下，随后停止冻融试验。在冻融循环次数为 300 次时，普通喷射混凝土相对动弹性模量下降了 20.1%，掺有 2.5%、5% 乳化沥青的 EASC 相对动弹性模量分别下降了 14.3%、12.9%。相比于乳化沥青掺量大于 5% 的 EASC，乳化沥青掺量小于 5% 时的 EASC 具有更好的抗冻性。一方面是因为乳化沥青中的乳化剂成分为表面活性剂，类似于引气剂的作用，其可在混凝土中引入稳定微小的气泡，来隔离输水通道，从而缓解了水的结晶压力[183]；另一方面是由于小掺量的乳化沥青未对水泥水化造成负面影响，其破乳过程与水化进程同时进行，生成了沥青膜与水泥水化产物交织而成的絮状胶体，这种絮状胶体填补了混凝土内部的一些大孔隙。所以，掺有 2.5%、5% 乳化沥青的 EASC 具有较强的抗冻性能。继续增加乳化沥青掺量，过多的乳化剂与沥青成分会影响水泥水化进程，降低混凝土的密实性，从而减弱混凝土的抗冻性。综上所述，EASC 抗冻性随乳化沥青掺量的增加先提高再降低，当乳化沥青掺量为 5% 时，EASC 抗冻性最佳。

② PVA 纤维对 EASC 抗冻性的影响。

图 5.18 所示为不同 PVA 纤维掺量的 EASC 冻融循环试验结果。

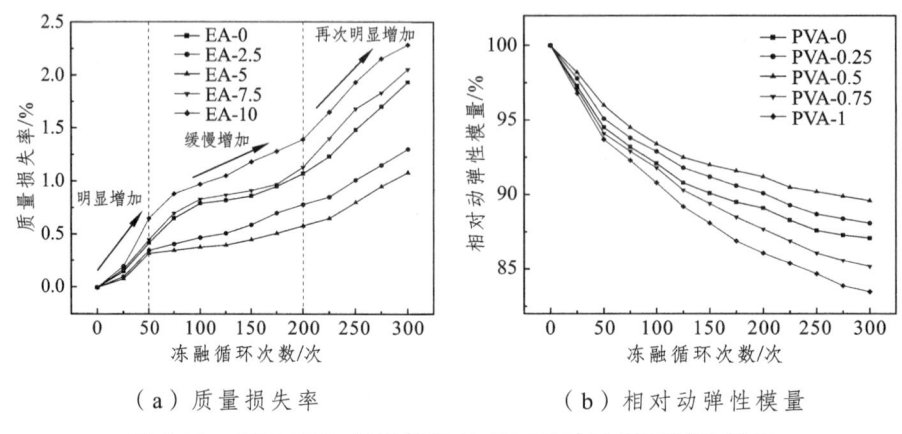

（a）质量损失率　　　　　　　（b）相对动弹性模量

图 5.18　不同 PVA 纤维掺量的 EASC 冻融循环试验结果

由图 5.18（a）可以看出，在相同冻融循环次数下，掺有 0.5% 体积掺量 PVA 纤维的 EASC 质量损失率最低、抗冻性最佳。在 300 次冻融循环作用下质量损失率仅为 0.74%，且 PVA 纤维体积掺量大于 0.5% 的 EASC 质量损失率大于不掺 PVA 纤维的喷射混凝土。这是因为 PVA 纤维在混凝土内部与混凝土基体紧密黏结，降低了混凝土孔隙率并阻碍了裂缝的发展，进而提升了混凝土的密实度。这种改善作用使得混凝土在遭受冻融循环时，能够更好地抵抗水分结冰产生的膨胀应力，减少内部结构的破坏。同时，纤维的掺入能够增强混凝土的抗裂性能。混凝土在冻融过程中，由于水的结冰和融化，容易产生裂缝。而纤维的加入可以有效阻止这些裂缝的扩展，并通过桥接和分散应力的作用，提高混凝土的抗裂能力，有助于保持混凝土的完整性和稳定性，延长其使用寿命。当 PVA 纤维体积掺量过大时，由于 PVA 纤维密度较小，同体积下分布的纤维数量较多，使得 PVA 纤维在混凝土内部不易分散均匀，混凝土内部孔隙增加，这些孔隙在冻融循环中容易成为水分结冰膨胀的突破口，使得混凝土内部结构破坏，抗冻性降低。此外，不同 PVA 纤维体积掺量的 EASC 质量损失率变化呈现出类似的趋势：初始阶段的质量损失率迅速上升,在冻融循环50次后达到第一个峰值(这主要是冻融循环过程中产生的冰晶应力导致样品表层逐渐剥落);在冻融循环次数介于50~150次的阶段,不同PVA纤维体积掺量的EASC的质量损失率增长速度显著减缓,表明此阶段冻融破坏主要局限于试件表面;当冻融循环次数超过150次后,所有PVA纤维体积掺量的EASC的质量损失率增长速度再次加快,这是因为持续的冻融循环作用使基体材料损伤加剧,质量损失率增加显著[182]。

由图5.18(b)可以看出,随着冻融循环次数的增加,EASC相对动弹性模量持续下降,在相同冻融次数下,EASC相对动弹性模量随PVA纤维体积掺量的增加先增大再减小。在冻融循环次数为300次时,不掺PVA纤维的喷射混凝土相对动弹性模量下降了12.9%,掺有0.25%、0.5%体积掺量PVA纤维的EASC相对动弹性模量分别下降了11.9%、10.4%。相比PVA纤维体积掺量大于0.5%的EASC,PVA纤维体积掺量小于0.5%时的EASC具有更好的抗冻性,这是因为适量的纤维加入混凝土中,可使混凝土的抗裂性能有一定程度的提高,而抗裂性能的提升有助于混凝土在低温环境下抵抗冻融应力的破坏。但继续增加PVA纤维体积掺量,过量的PVA纤维会改变水泥混凝土的性能(如流动性和抗压强度等),进而影响混凝土在冻融循环中的稳定性和耐久性。故EASC抗冻性随PVA纤维体积掺量的增加先提高再降低,当PVA纤维体积掺量为0.5%时,其抗冻性最佳。

③ 耐久性指数。

为了更直观评价各配比的EASC的耐久性,参考普通混凝土耐久性指数计算方法,计算公式见式(5.2)。

$$D_F = PN/300 \tag{5.2}$$

式中:$D_F$——喷射混凝土耐久性指数;

$P$——冻融试验结束时的相对动弹性模量;

$N$——冻融试验结束时的冻融循环次数。

冻融循环作用下喷射混凝土耐久性指数如图5.19所示。

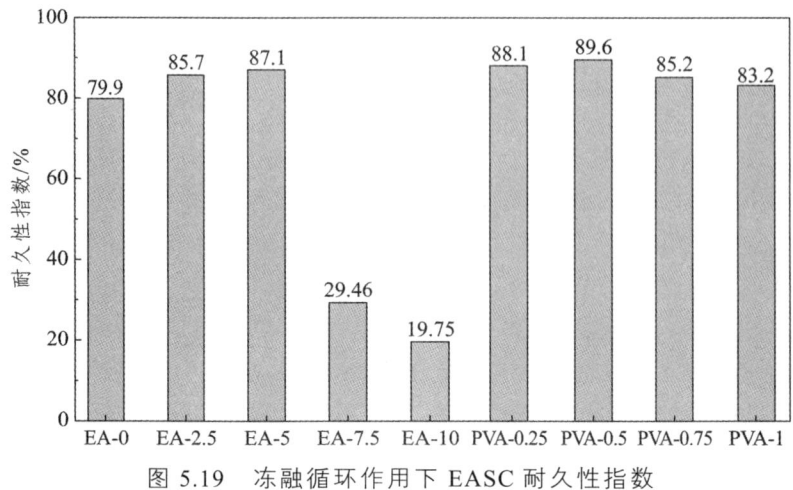

图 5.19 冻融循环作用下 EASC 耐久性指数

由图 5.19 可知，EA-7.5、EA-10 喷射混凝土的相对耐久性指数非常低，仅有 29.46%、19.75%。其余各组喷射混凝土的耐久性指数均大于普通喷射混凝土 EA-0。其中，PVA-0.5 耐久性指数最大，为 89.6%，具有优异的耐久性。当乳化沥青掺量为 5%，PVA 纤维体积掺量为 0.5% 时，EASC 耐久性能最好。

## 5.5 EASC 微观结构测试

### 5.5.1 测试方法

1. 扫描电子显微镜（SEM）

采用第 2.2.4 节相同型号的扫描电镜，对负温养护龄期为 28 d 的 EASC 试块样品进行微观成像，放大倍数为 1 000 倍，并采用 EDS 点扫模式进行微量元素分析。

2. 压汞测试（MIP）

将负温养护至 28 d 龄期的喷射混凝土试件敲碎，放入乙醇溶液中使其终止水化，试验前将试块取出并放入 60 °C 烘箱干燥 4 h，然后开始试验。采用 Autopore Ⅳ 9500 的全自动压汞仪对 EASC 试块的孔隙结构进行测试。

## 5.5.2 测试结果

本节利用扫描电子显微镜与压汞法系统观测并计算了 EASC 的孔隙结构与孔径分布。

### 1. SEM 图像

经负温养护 28 d 的 EASC 放大 1 000 倍的 SEM 图像如图 5.20 所示。由图 5.20（a）可以看出，普通喷射混凝土在负温环境下水化较为充分，水化产物发育良好且较为集中，混凝土结构较为致密；从图 5.20（b）可以看出，当乳化沥青掺量为 2.5% 时，集料表面更为平整，且覆盖了一层沥青薄膜，说明乳化沥青破乳后填补了一些孔隙；从图 5.20（c）可以看出，当乳化沥青掺量为 5% 时，集料表面被水泥与乳化沥青相互胶结生成了纤维状的水化物所覆盖；从图 5.20（d）可以看出，当乳化沥青掺量为 7.5% 时，EASC 内部受乳化沥青破乳的影响，产生许多连通孔隙；从图 5.20（e）可以看出，当乳化沥青掺量为 10% 时，乳化沥青对水泥颗粒的裹覆行为严重影响了水泥的水化进程，EASC 内部没有足够的水化产物，进而形成了较多的连通大孔隙。

由不同乳化沥青掺量 EASC 的 EDS 元素分析可知，随着乳化沥青掺量的增加，C、O 元素逐渐增多，Si、Ca、Al 元素逐渐减少，说明乳化沥青吸附到了水泥颗粒表面，阻碍了水泥水化产物的生成，这与 Li 等[184]的研究结果一致。

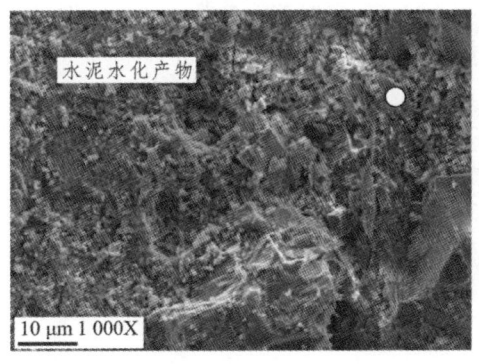 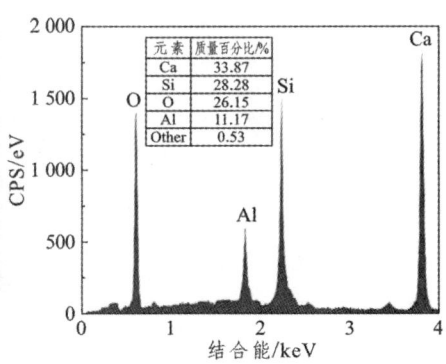

（a）EA-0

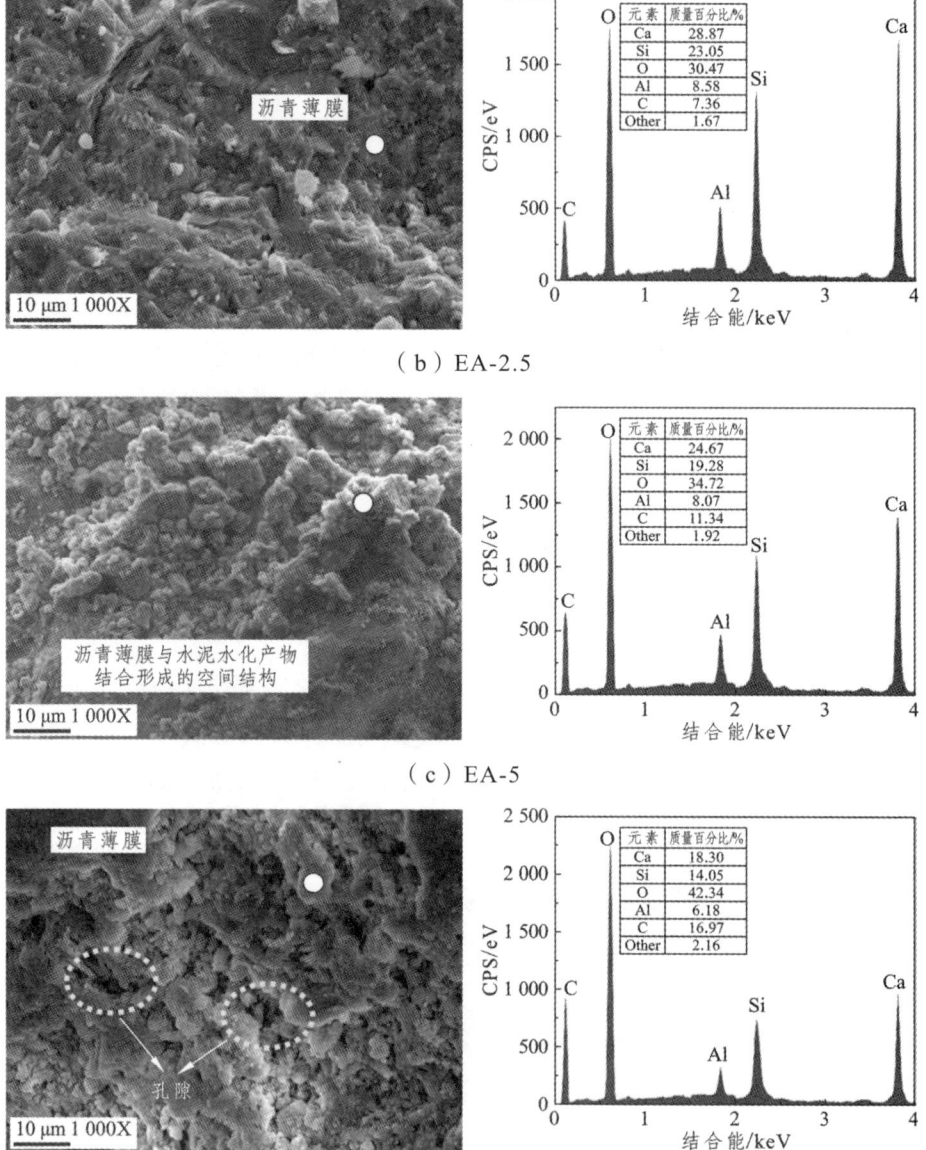

（b）EA-2.5

（c）EA-5

（d）EA-7.5

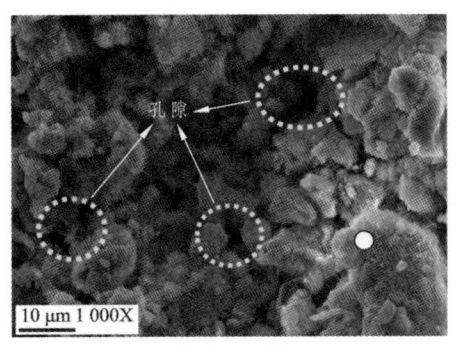
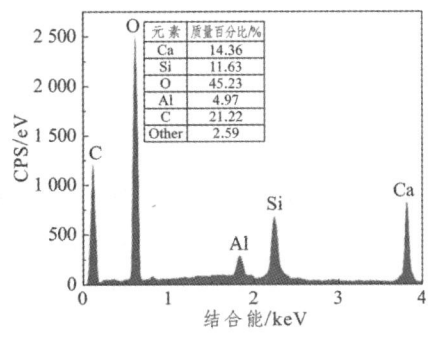

(e)EA-10

图 5.20 EASC 的 SEM 图像与能谱分析

不同乳化沥青掺量 EASC 的 SEM 图像与 EDS 元素分析表明,在乳化沥青掺量小于 5% 情况下,乳化沥青对水泥颗粒的水化进程无过多影响,其与水泥相互胶结生成的纤维状的水化物可以填补混凝土内部孔隙;但当乳化沥青掺量大于 5% 时,乳化沥青破乳会对水泥水化进程产生负面影响,阻碍水泥微结构的形成,导致 EASC 内部大孔隙增多,孔隙率增大。

2. 孔径分布

根据 Odler 等[185]的研究结果,水泥混凝土中存在四种孔径:凝胶孔(孔径小于 10 nm)、过渡孔(孔径 10~100 nm)、毛细孔(孔径 100~1 000 nm)和大孔(孔径大于 1 000 nm),对不同乳化沥青掺量的 EASC 进行 MIP 试验,对其进行孔隙结构分析,MIP 试验结果如图 5.21 所示。

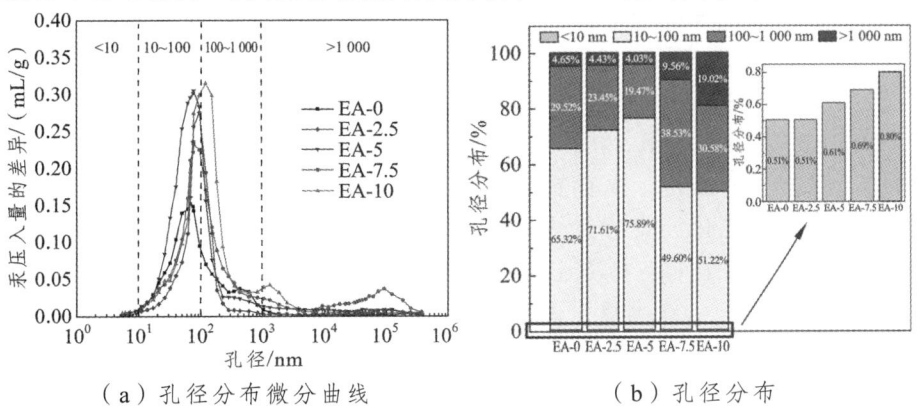

(a)孔径分布微分曲线    (b)孔径分布

图 5.21 EASC 的孔径分布微分曲线和孔径分布

由图 5.21 可知，EASC 的毛细孔和大孔的比例随乳化沥青掺量的增加先减小再增加，当乳化沥青掺量为 5% 时，EASC 的毛细孔和大孔的比例最小，分别为 19.47%、4.03%；当乳化沥青掺量增加至 10% 时，毛细孔与大孔的体积分别达到总孔隙体积的 30.58%、19.02%。Hover 等[186]认为毛细孔和大孔主要影响混凝土的耐久性能。因此，EASC 的毛细孔含量和大孔含量越低，其耐久性能越好。

由上述分析可知，水泥与乳化沥青相互胶结然后生成了纤维状的水化物，并且进一步向周围空间发展，能够有效填充孔隙。但过多的乳化沥青会阻碍水泥的水化进程，影响水泥微结构的形成。因此，在喷射混凝土中适量掺入乳化沥青，可以有效改善其孔隙率大、密实性不佳的缺点，进而提高喷射混凝土的使用耐久性。

## 5.6　本章小结

本章采用正交试验研究了关键配合比参数对 EASC 工作性能的影响，优化了关键配合比参数，综合研究了负温环境下乳化沥青与 PVA 纤维对 EASC 传热性能、工作性能、力学强度、体积稳定性及耐久性能的影响规律，结合 SEM 图像分析与 MIP 测量的孔隙结构特征，明确了乳化沥青对于 EASC 性能提升的改性机理，主要研究结论如下：

（1）由正交试验结果可知，不同配合比参数对于 EASC 工作性能影响程度不同，其中胶凝材料用量是最重要的影响因素。结合不同配合比参数 EASC 的扩展度与回弹率测试结果，当胶凝材料用量为 480 kg/m³、水胶比为 0.4、砂率为 50%、粉煤灰替换率为 20%时，EASC 拥有较好的泵送与喷射性能。

（2）在负温环境下，乳化沥青的掺入降低了 EASC 对冻土的热扰动；增加了混凝土的黏性，从而提高了 EASC 与冻土之间的黏结性能，降低了回弹率。当乳化沥青掺量为 10%时，EASC 与冻土界面处的最高温度由 3.3 ℃降至 0.1 ℃，与冻土之间的黏结强度为 2.05 MPa，回弹率降至 13.8%。随着 PVA 纤维掺量的增加，EASC 与冻土之间的黏结性能先提高后减弱，回弹率先减小后增大。当 PVA 纤维体积掺量为 0.5%时，EASC 与冻土之间的黏结强度为 2.11 MPa，回弹率降至 12.7%。

（3）在负温环境下，铝酸盐水泥与焦磷酸钠加快了 EASC 早期力学强度发展，但对后期强度发展不利。随着乳化沥青掺量的提高，EASC的力学强度有所损失，抗裂性能逐渐提升。随着 PVA 纤维掺量的增加，EASC 的抗压强度逐渐降低，抗折强度与折压比持续增大，抗裂性能逐渐提升。

（4）随着乳化沥青掺量与 PVA 纤维体积掺量的增加，EASC 干燥收缩率有不同程度的下降。其中，乳化沥青掺量由 0% 增至 10% 时，EASC 干燥收缩率降低了 10.8%；PVA 纤维体积掺量由 0% 增至 1% 时，EASC 干燥收缩率降低了 11.5%。

（5）随着乳化沥青掺量与 PVA 纤维体积掺量的增加，EASC 耐久性先提高后降低。当乳化沥青掺量为 5%，PVA 纤维体积掺量为 0.5% 时，EASC 内部孔结构发展密实，孔隙率低，耐久性能较好。此时，抗渗等级为 P14，电通量为 756 C。冻融循环 300 次后的质量损失率不足 1%，相对动弹性模量仅下降 10.4%，耐久性指数为 89.6%。继续增大乳化沥青掺量会影响水泥水化进程，而继续增大 PVA 纤维体积用量会影响 EASC 密实结构的形成，从而降低 EASC 的耐久性能。

（6）当乳化沥青掺量由 0% 增至 5% 时，EASC 内部的毛细孔和大孔比例逐渐降低至 19.47% 与 4.03%，从而提高了 EASC 的耐久性能；当乳化沥青掺量大于 5% 时，随着乳化沥青掺量的提高，EASC 中毛细孔与大孔的比例逐渐增加，从而降低其耐久性。当乳化沥青掺量为 10% 时，毛细孔与大孔的体积分别达到总孔隙体积的 30.58% 与 19.02%。

（7）根据不同乳化沥青掺量与 PVA 纤维体积掺量的 EASC 性能测试结果，确定 EASC 中最佳乳化沥青掺量为 5%，PVA 纤维最佳体积掺量为 0.5%。

# 6 EASC 初期支护下围岩温度场及其抗变形性能研究

在高海拔多年冻土区域进行隧道施工时，面临的主要挑战是在确保隧道结构稳定性及施工人员安全的基础上，要最大限度减少施工对冻土环境的破坏。鉴于多年冻土地区特殊的地质条件，冻土围岩对温度变化极为敏感，温度场的稳定性直接关系到隧道的结构安全和长期运营稳定性。此外，多年冻土区软岩大变形是隧道工程施工安全性的又一个重大挑战。传统的刚性支护结构虽然有足够的强度来支撑荷载，但当围岩发生大变形时可能会产生破坏。而柔性支护结构允许围岩在一定范围内发生变形以充分发挥出围岩的自承能力，但柔性支护的结构强度较小，可能无法提供足够的支撑力。

基于此，本章针对多年冻土区隧道洞口段初支阶段中面临的围岩温度场变化与变形问题，提出 EASC 初期支护的解决方案，通过 ABAQUS 有限元软件，运用微分方程研究不同工况下喷射混凝土对隧道洞口段冻土围岩温度场的影响，计算不同工况下各时间段隧道围岩融化圈的厚度，研究了沿围岩深度方向各位置处的温度分布规律。

## 6.1 EASC 初期支护的温度场研究

### 6.1.1 微分方程求解隧道温度场

1. 传统导热微分方程

在热传导问题中，传统导热微分方程描述了热量如何在介质中传播。

假设存在一个各向同性介质，其热力学性质在各个方向上均保持不变。在该介质内选取一个微小立方体元素，其顶点标记为 $A$、$B$、$C$、$D$ 和对应的对面顶点 $A'$、$B'$、$C'$、$D'$。该微小立方体的边长沿 $x$、$y$、$z$ 三个坐标轴方向分别为 $\mathrm{d}x$、$\mathrm{d}y$、$\mathrm{d}z$，如图 6.1 所示。

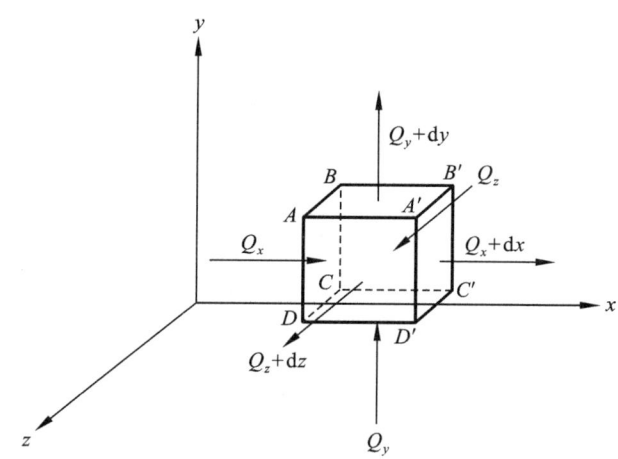

图 6.1　直角坐标系中用于导热分析的微元体

根据傅里叶热传导定律，沿 $x$ 轴方向，从 $ABCD$ 面传入微元体的热量可以表示为

$$Q_x = -k\frac{\partial T}{\partial x}\mathrm{d}y\mathrm{d}z\mathrm{d}\tau \tag{6.1}$$

式中：$Q_x$——$x$ 轴方向微元体 $ABCD$ 面的导入热量（kJ）；

$T$——微元体温度（°C）；

$k$——热传导系数 [W/(m·°C)]；

$\tau$——时间（h）。

同一时刻从 $A'B'C'D'$ 面导出微元体的热量为 $Q_{x+\mathrm{d}x}$。$Q_x$ 是 $x$ 的函数，并在 $x$ 至 $x+\mathrm{d}x$ 区间内连续可微，根据泰勒公式，$Q_{x+\mathrm{d}x}$ 可以用 $Q_x$ 表示，并且忽略了高阶项，仅采用了近似的前两个项，即

$$Q_{x+\mathrm{d}x} = Q_x + \frac{\partial Q_x}{\partial x}\mathrm{d}x = -k\frac{\partial T}{\partial x}\mathrm{d}y\mathrm{d}z\mathrm{d}\tau - k\frac{\partial^2 T}{\partial x^2}\mathrm{d}x\mathrm{d}y\mathrm{d}z\mathrm{d}\tau \tag{6.2}$$

$\mathrm{d}\tau$ 时间内在 $x$ 轴方向导入与导出该微元体的热量差为

$$dQ_x = Q_x - Q_{x+dx} = k\frac{\partial^2 T}{\partial x^2}dxdydzd\tau \tag{6.3}$$

同理可推导出 $d\tau$ 时间内，$y$ 轴与 $z$ 轴方向上，导入与导出该微元体的热量差 $dQ_y$ 与 $dQ_z$ 为

$$dQ_y = Q_y - Q_{y+dy} = k\frac{\partial^2 T}{\partial y^2}dxdydzd\tau \tag{6.4}$$

$$dQ_z = Q_z - Q_{z+dz} = k\frac{\partial^2 T}{\partial z^2}dxdydzd\tau \tag{6.5}$$

所以在 $d\tau$ 时间内导入与导出该微元体的总热量差为

$$dQ = dQ_x + dQ_y + dQ_z = k\left(\frac{\partial^2 T}{\partial x^2} + \frac{\partial^2 T}{\partial y^2} + \frac{\partial^2 T}{\partial z^2}\right)dxdydzd\tau \tag{6.6}$$

在 $d\tau$ 时间内该微元体的内能变化量为

$$\Delta E = \rho c \frac{\partial T}{\partial \tau}dxdydzd\tau \tag{6.7}$$

该微元体产生的总热量为

$$\Delta w = q_v dxdydzd\tau \tag{6.8}$$

根据能量守恒定律，由式（6.1）~式（6.8）可知，在 $d\tau$ 时间内，微元体的内能变化量等于微元体产生的总热量与导入导出微元体的热量差的总和，即

$$\frac{\partial T}{\partial \tau} = \frac{k}{\rho c}\left(\frac{\partial^2 T}{\partial x^2} + \frac{\partial^2 T}{\partial y^2} + \frac{\partial^2 T}{\partial z^2}\right) + \frac{q_v}{\rho c} \tag{6.9}$$

式中：$T$——温度（°C）；

$\tau$——时间（h）；

$k$——导热系数 [W/(m·°C)]；

$c$——比热容 [kJ/(kg·°C)]；

$\rho$——密度（kg/m³）。

这个方程描述了在一个三维区域内，由于热传导和内热源的存在，温度如何随时间变化。等式左边为温度对时间的变化率，等式右边前三

项是热传导项,描述了热量在 $x$、$y$、$z$ 轴方向上的扩散,等式右边第四项是内热源项,描述了单位体积内热源对温度的影响。

令 $k/\rho c$ 为常数 $\alpha$,$\alpha$ 是热扩散系数(或导热系数),单位是 $m^2/s$。该参数是材料传播温度变化能力的指标,其物理意义反映了物体在加热或冷却过程中,温度趋于均匀一致的能力。则导热微分方程又变为

$$\frac{\partial T}{\partial \tau} = \alpha \left( \frac{\partial^2 T}{\partial x^2} + \frac{\partial^2 T}{\partial y^2} + \frac{\partial^2 T}{\partial z^2} \right) + \frac{q_v}{\rho c} \qquad (6.10)$$

对于无热源的微元体,$q_v = 0$,则导热微分方程为

$$\frac{\partial T}{\partial \tau} = \alpha \left( \frac{\partial^2 T}{\partial x^2} + \frac{\partial^2 T}{\partial y^2} + \frac{\partial^2 T}{\partial z^2} \right) \qquad (6.11)$$

2. 围岩导热微分方程

在喷射混凝土施工过程中,水泥水化反应释放的热量会传递至周围岩体,导致岩体温度升高。随着时间的推移,水泥水化释放的热量减少,岩体温度在达到峰值后逐渐下降。因此,在喷射混凝土施工的整个过程中,热传递现象不仅受到空间分布的影响,也受到时间变化的影响,这表明该过程是一个涉及热源的非稳态热传导问题。

鉴于沿隧道轴线方向的围岩温度梯度较小,该方向的热流密度接近于 0,因此可以将围岩的温度分布视为一个二维非稳态温度场。据此,该问题的热传导方程可以简化为

$$\frac{\partial T}{\partial \tau} = \alpha \left( \frac{\partial^2 T}{\partial x^2} + \frac{\partial^2 T}{\partial y^2} \right) + \frac{q_v}{\rho c} \qquad (6.12)$$

3. 围岩导热微分方程的差分解法

采用差商代替微商来近似微分运算,从而构建相应的差分方程。由于热传导方程适用于区域内的所有点,因此对于任意一个内部节点 $(i,j)$ 也是适用的。针对节点 $(i,j)$ 以及时间段 $n$ 的微分方程可以转化为以下形式的差商方程,即

$$\begin{cases} \dfrac{\partial^2 T}{\partial x^2} \approx \dfrac{T_{i+1,j}^n - 2T_{i,j}^n + T_{i-1,j}^n}{(\Delta x)^2} \\ \dfrac{\partial^2 T}{\partial y^2} \approx \dfrac{T_{i,j+1}^n - 2T_{i,j}^n + T_{i,j-1}^n}{(\Delta y)^2} \\ \dfrac{\partial T}{\partial \tau} \approx \dfrac{T_{i,j}^{n+1} - T_{i,j}^n}{\Delta \tau} \end{cases} \quad (6.13)$$

将式（6.13）代入一般隐式差分方程，可得

$$k\left(\dfrac{T_{i+1,j} - 2T_{i,j} + T_{i-1,j}}{\Delta x^2} + \dfrac{T_{i,j+1} - 2T_{i,j} + T_{i,j-1}}{\Delta y^2}\right)_{i,j}^{n+1} +$$

$$(1-k)\left(\dfrac{T_{i+1,j} - 2T_{i,j} + T_{i-1,j}}{\Delta x^2} + \dfrac{T_{i,j+1} - 2T_{i,j} + T_{i,j-1}}{\Delta y^2}\right)_{i,j}^{n} =$$

$$\dfrac{1}{\alpha}\left(\dfrac{T_{i,j}^{n+1} - T_{i,j}^n}{\Delta \tau}\right)_i^n + \dfrac{1}{\rho c}Q_{i,j}^n \quad (6.14)$$

其中，$0 < k \leq 1$ 为差分解方程的权系数。

### 4．边界条件

由于多年冻土的隧道洞口段埋深较浅，所以假设地层温度保持不变，冻土围岩的温度场变化受到洞内温度和水泥水化热的影响，这种变化是有一定限度的。超出这一限度，隧道冻土围岩的温度将达到地温。即在远离隧道的区域，围岩的温度将稳定在地温的初始状态。因此，边界条件和初始条件可以表如下：

边界条件：

$$\begin{cases} X = \pm\infty, \ T = t_0 \\ Y = \pm\infty, \ T = t_0 \\ \tau = 0, \ T = t_0 \end{cases} \quad (6.15)$$

初始条件：

$$\tau = 0, \ \dfrac{\partial T}{\partial x} = \dfrac{\partial T}{\partial y} = 0 \quad (6.16)$$

$$q = -\lambda \left.\frac{\partial T}{\partial n}\right|_\Gamma = \alpha(t_w - t_f) \quad (6.17)$$

式中：$T$——冻土温度（°C）；

$t_0$——原始地温（°C）；

$t_w$——冻土围岩壁面温度（°C）；

$t_f$——隧道洞内温度（°C）；

$q$——边界上任意一点的热流密度（W/m²）。

### 6.1.2 计算参数的选取

**1. 水化热曲线**

水泥水化热是指水泥与水作用产生放热反应，在水泥硬化过程中不断放出的热量，这种热量会使混凝土的温度大大超过外界温度。在高海拔多年冻土地区隧道洞口段的初期支护施工中，这种温度的变化尤为显著。这种变化不仅会影响冻土的稳定性和强度，还可能对隧道等构筑物的安全性和稳定性产生不利影响。所以在多年冻土区隧道洞口段进行喷射混凝土施工时，应尽可能降低水泥的水化热。

研究水泥与CEA材料的水化放热规律，以此来分析普通喷射混凝土与EASC初次衬砌对冻土围岩温度场的影响。根据第5章的研究结果，本章采用表5.12中PVA-0.5配比的EASC与EA-0普通喷射混凝土进行初期支护。采用TAM Air八通道微量热仪对不同水泥浆体的水化放热进行实时监控，测试温度为5 °C，恒温槽气体选用氮气，氮气压力为0.1 MPa，外接浮子流量计，气体流量为200 mL/min，测试时间60 h。

纯水泥与乳化沥青掺量为5%的CEA浆体的水化放热曲线如图6.2所示。

由图6.2可以看出，掺入乳化沥青后，水泥的水化放热速率和总放热量显著降低。这表明乳化沥青加入到水泥中会对水化过程有明显的抑制作用，减缓了水泥的水化反应速度及热量释放过程。由第3章的研究结果可知，乳化沥青对水泥水化的抑制来源于两方面：一方面，乳化沥青中的沥青颗粒因破乳作用挤压团聚，在水泥颗粒表面形成沥青膜结构，这种膜结构阻碍了水泥颗粒表面与水分的接触，从而延迟了水泥水化反应；另一方面，乳化沥青中带有—COO⁻的乳化剂分子由于静电作用吸附到带有正电荷的 AFt 与部分 C-S-H（m）凝胶表面，进而占据了水泥颗粒的离子溶出点，离子溶出迁移速率变慢，进而延缓了水泥水化反应进程。此外，根据申华杰等[137]的研究结论可知，沥青乳液需要更多的热量用于破乳过程，这意味着沥青乳液吸收了水泥水化所产生的热量，使水泥水化放热速率与水化总放热量降低。

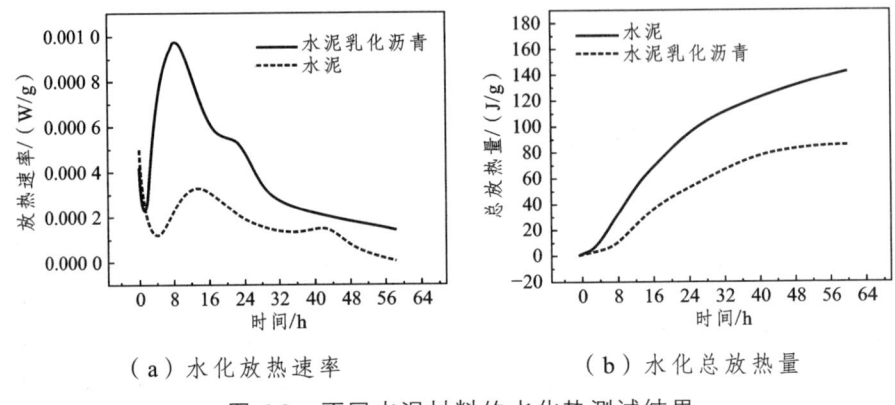

（a）水化放热速率　　　　　（b）水化总放热量

图 6.2　不同水泥材料的水化热测试结果

综上所述，乳化沥青通过其特殊的组成和性质，以及与水泥的交互作用，能够显著降低水泥的水化放热速率与水化总放热量。这不仅有助于改善施工条件、提高工程质量，还有助于降低能耗和保护环境。因此，在需要降低水泥水化热的情况下，加入乳化沥青是一种有效的选择。

2．计算模型的确定

根据江亦元[31]的研究，为实现节省计算资源和时间的目的，计算模型选择四边形单元，计算范围为距中心点 50 m 的正方形区域。该范围内全部为多年冻土围岩。计算模型如图 6.3 所示。

3．计算参数的选取

为了分析多年冻土区隧道洞口段围岩壁面随不同初次衬砌（喷射混凝土）工况下的温度场变化，采用 ABAQUS 有限元计算软件计算了普通喷射混凝土与 EASC 在不同工况下对围岩温度场的影响，并计算了各工况下的融化圈厚度。计算参数根据多年冻土区风火山隧道所处的环境条件选取，其中冻土层厚度为 100～120 m；冻土下限为 100～120 m；冻土

温度为 -5 ℃；洞内气温取青海地区冬季某一天的气温实测数据，平均温度为 -10 ℃，如图 6.4 所示。混凝土浇筑入模温度为 5 ℃。冻土围岩的热力学参数见表 6.1。

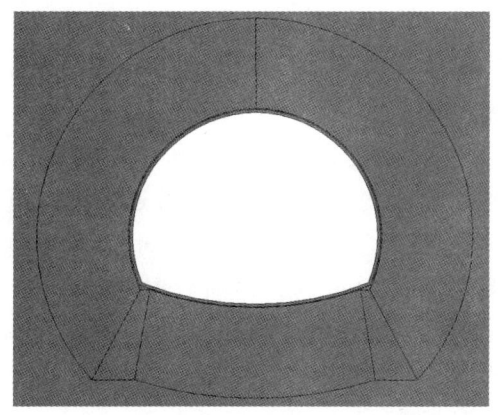

图 6.3 多年冻土区隧道洞口段围岩计算模型

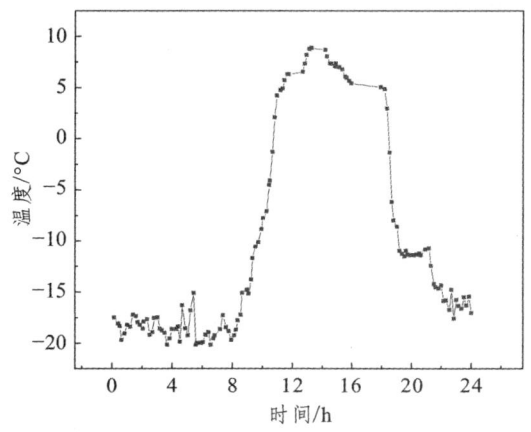

图 6.4 青海地区冬季 1 d 内的气温变化曲线

表 6.1 冻土围岩的热力学参数

| 材料 | 密度/<br>(kg·m$^{-3}$) | 热传导系数/<br>[W·(m·℃)$^{-1}$] | 比热容/<br>[kJ·(kg·℃)$^{-1}$] | 对流换热系数/<br>[W·(m·℃)$^{-1}$] |
|---|---|---|---|---|
| 冻土围岩 | 1 900 | 1.82 | 0.84 | 12 |

在多年冻土区的隧道工程中，按照相关设计规范，在隧道开挖后应

立即施作一定厚度的喷射混凝土，达到临时支护的目的，称此过程为"预喷"。随后开始立钢拱架（此过程需要 1 d 左右的时间），然后继续施作剩余厚度的喷射混凝土，称此过程为"复喷"。基于此，为了达到既能保护冻土围岩不融化，又能让结构的强度损失达到最低的目的，设计了三种不同工况，对比研究了普通喷射混凝土与 EASC 施工各阶段内的温度场变化规律，其施工流程如下：

（1）工况 1：开挖之后立即预喷 10 cm 的普通喷射混凝土，再用 1 d 时间立钢拱架，然后复喷剩余的 12 cm 的普通喷射混凝土。

（2）工况 2：开挖之后立即预喷 10 cm 的 EASC，再用 1 d 时间立钢拱架，然后复喷剩余的 0.12 m 的普通喷射混凝土。

（3）工况 3：开挖之后立即预喷 5 cm 的 EASC，再用 1 d 时间立钢拱架，然后继续第一次复喷 5 cm 的 EASC，最后第二次复喷剩余的 12 cm 的普通喷射混凝土。

为了计算简便，在计算过程中作了如下假定：

（1）假定 1：隧道开挖及喷射混凝土施工时，隧道周围地层的温度变化不会太大，即计算过程中材料的热力学参数为常数。

（2）假定 2：多年冻土区隧道洞口段埋深较浅，因此地层温度沿轴线方向保持不变。

（3）假定 3：隧道周围的冻土围岩为各向同性的均质材料。

### 6.1.3　计算结果

计算分析了隧道开挖后不同时间段的围岩温度场分布规律、初次衬砌过后围岩融化圈厚度与距围岩壁面不同距离的点的温度变化规律。

1. 工况 1 下的围岩温度场计算与结果分析

（1）施作初次衬砌后的围岩温度场分布规律。

工况 1 条件下，在进行初次衬砌施工后 12 h、24 h、36 h、48 h、60 h 的围岩温度场分布规律如图 6.5 所示，初次衬砌之后不同时间的围岩融化圈厚度结果见表 6.2。

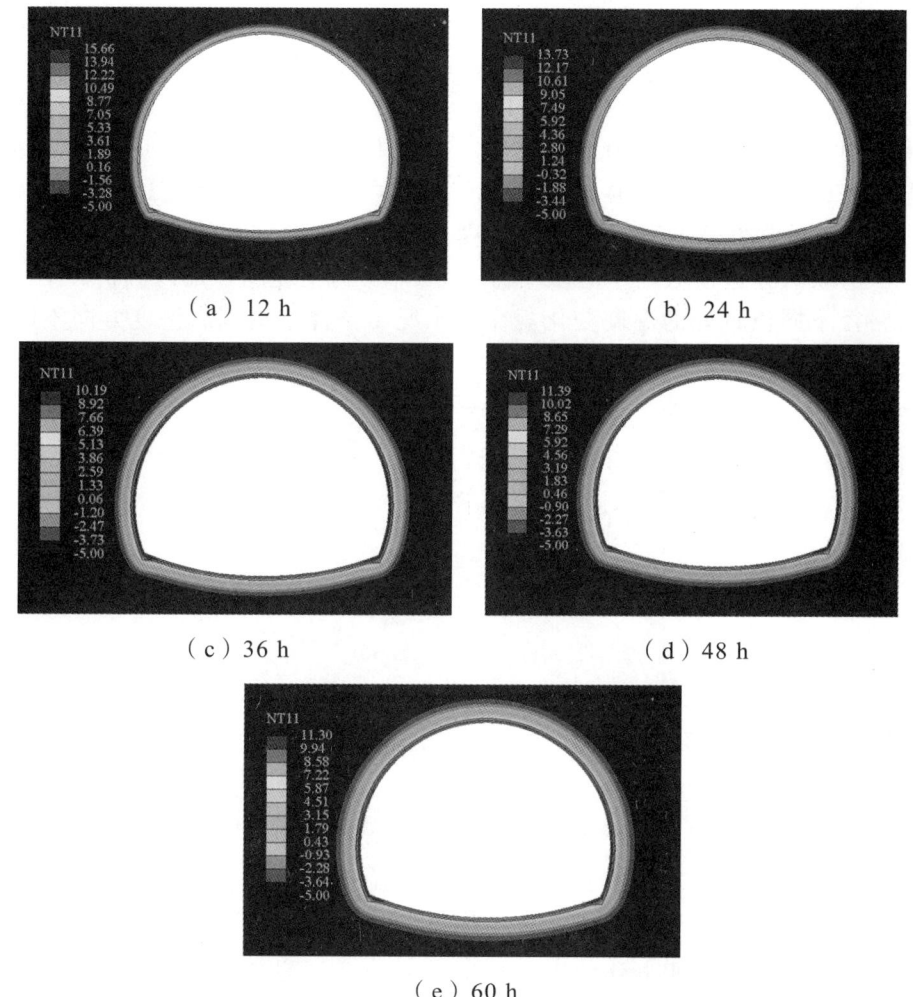

图 6.5 工况 1 施作初次衬砌后围岩温度场变化规律

表 6.2 工况 1 初次衬砌之后不同时间的围岩融化圈厚度 单位：m

| 初次衬砌时间 | 12 h | 24 h | 36 h | 48 h | 60 h |
|---|---|---|---|---|---|
| 融化圈厚度 | 0.249 | 0.348 | 0.398 | 0.480 | 0.535 |

由工况 1 初次衬砌施工后不同时间段的围岩温度场分布规律可以看出，由于受喷射混凝土水化热的影响，在混凝土浇筑、养护阶段，冻土

地温场发生了很大的变化，部分冻土融化产生融化圈。在普通喷射混凝土施工 12 h、24 h、36 h、48 h、60 h 后，围岩温度场最高温度分别为 15.66 ℃、13.73 ℃、10.19 ℃、11.39 ℃、11.30 ℃。融化圈厚度计算结果表明，在施作普通喷射混凝土后，冻土围岩融化圈随着时间的推移逐渐增大，当初次衬砌施工 60 h 后，冻土围岩的融化圈厚度高达 0.535 m。

（2）施作初次衬砌后沿围岩深度方向的温度分布规律。

选取沿隧道横截面中心水平方向（$x$ 轴）的温度路径加以分析，计算该路径不同位置处的温度变化规律。工况 1 条件下沿围岩深度方向不同位置的温度变化规律如图 6.6 所示。

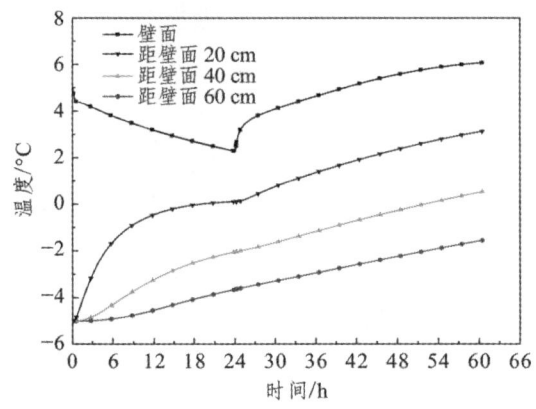

图 6.6　工况 1 各时间段不同位置的温度变化规律

从图 6.6 可以看出，在壁面位置处，施作普通喷射混凝土初次衬砌后，壁面温度升高至混凝土入模温度 5 ℃，随后因冻土围岩与洞口气温的冷却作用缓慢降低，在初次衬砌施工 24 h 后，由于第二层喷射混凝土的水化热迅速传递至壁面处，壁面处的温度迅速升高。初次衬砌施工 30 h 后，混凝土水化放热速率减缓，壁面处的温度上升幅度也随之减缓。近壁面处，冻土围岩受混凝土水化热的影响较大，所以温度变化较大。距壁面越远，受混凝土水化热的影响越小，所以温度变化越小。距壁面 60 cm 处在隧道开挖后的 60 h 内温度均未超过 0 ℃。

2．工况 2 下的围岩温度场计算与结果分析

（1）施作初次衬砌后的围岩温度场分布规律。

工况 2 条件下施作初次衬砌后 12 h、24 h、36 h、48 h、60 h 的围岩

温度场分布规律如图 6.7 所示，工况 2 初次衬砌之后不同时间的围岩融化圈厚度结果见表 6.3。

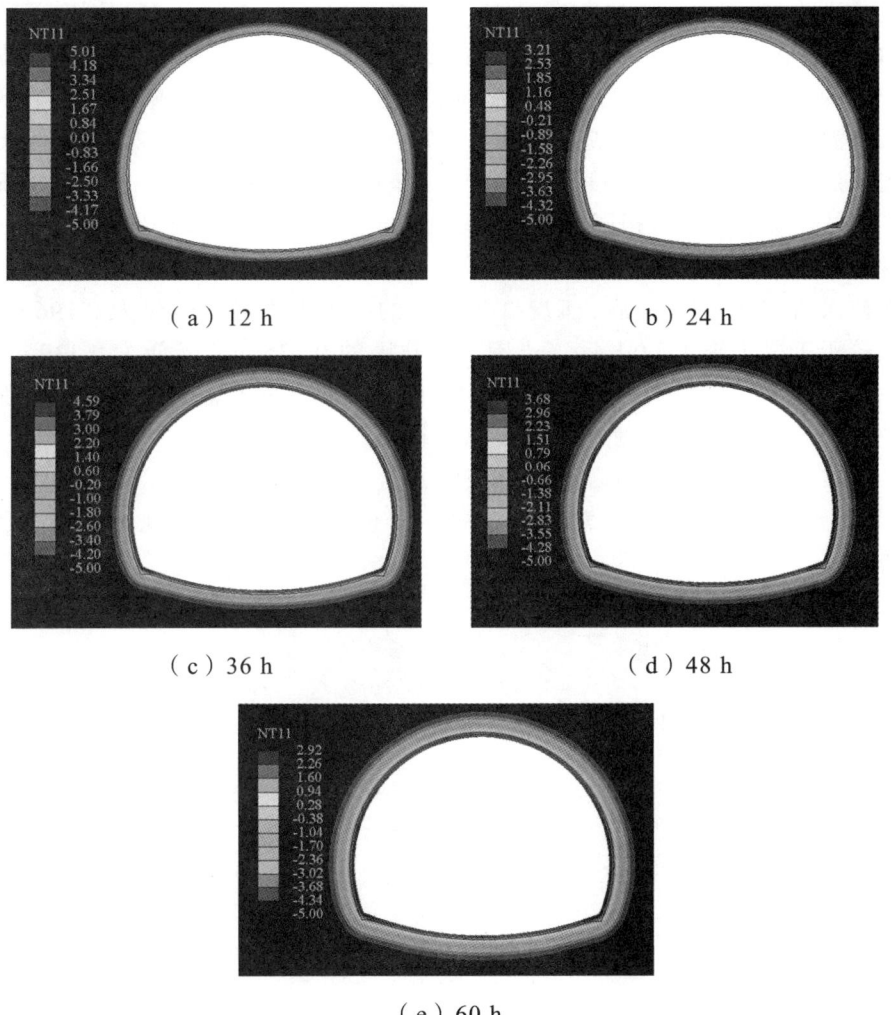

图 6.7　工况 2 施作初次衬砌后围岩温度场变化规律

表 6.3　工况 2 初次衬砌之后不同时间的围岩融化圈厚度　单位：m

| 初次衬砌时间 | 12 h | 24 h | 36 h | 48 h | 60 h |
|---|---|---|---|---|---|
| 融化圈厚度 | 0.074 | 0.090 | 0.165 | 0.189 | 0.196 |

由工况 2 初次衬砌施工后不同时间段的围岩温度场分布规律可以看出，在 EASC 施工 12 h、24 h、36 h、48 h、60 h 后，围岩温度场最高温度分别为 5.01 ℃、3.21 ℃、4.59 ℃、3.68 ℃、2.92 ℃。在相同时间段内，用 EASC 进行初喷后的围岩最高温度均低于普通喷射混凝土超前支护后的围岩最高温度。并且，随着时间的推移，两种工况施工后围岩的最高温度差值也在逐渐提高。综上可知，相较于普通喷射混凝土，EASC 施工后对冻土围岩的温度场影响较小。融化圈厚度计算结果表明，工况 2 初次衬砌施工后的相同时间段内，相比于工况 1，冻土围岩融化产生的融化圈较小，且两种工况施工使围岩产生融化圈厚度的差值逐渐增大。在初次衬砌施工 60 h 后，工况 2 施工下的冻土围岩融化圈仅为 0.196 m，相较于工况 1 施工 60 h 后冻土围岩融化圈的 0.535 m，降低了 0.339 m。说明利用 EASC 材料进行初喷，可以有效保护冻土不融化，而且这种保护作用效果在初次衬砌施工后会越来越明显。

（2）施作初次衬砌后沿围岩深度方向的温度分布规律。

工况 2 条件下沿围岩深度方向不同位置的温度分布规律如图 6.8 所示。

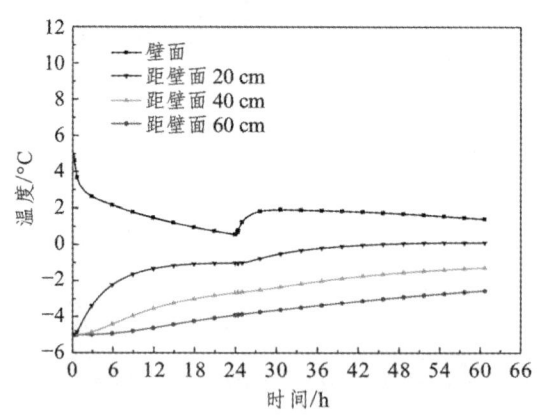

图 6.8　工况 2 各时间段不同位置的温度变化规律

从图 6.8 可以看出，工况 2 施作初次衬砌后各时间段不同位置处的温度变化规律近似于工况 1。进行 EASC 初喷后，壁面温度首先升高至混凝土入模温度 5 ℃，随后因冻土围岩与洞口气温的冷却作用缓慢降低，在初喷施工 24 h 后，由于第二层复喷的普通喷射混凝土释放的水化热传递至壁面处，壁面温度迅速升高。但在 27 h 后，壁面处的温度呈下降趋势。这说明初喷的 EASC 具有一定的保温隔热作用，能够阻挡复喷混凝土的水化热向围岩壁面传递。由距壁面不同距离处温度随时间的变化规律可知，喷射混凝土对围岩的热扰动随与壁面之间距离的增大而减小，当距壁面大于 20 cm 后，工况 2 整个施工过程的前 60 h 内均未出现温度大于 0 ℃ 的情况。

3．工况 3 下的围岩温度场计算与结果分析

（1）施作初次衬砌后的围岩温度场分布规律。

工况 3 条件下施作初次衬砌后 12 h、24 h、36 h、48 h、60 h 的围岩温度场分布规律如图 6.9 所示，工况 3 初次衬砌之后不同时间的围岩融化圈厚度结果见表 6.4。

工况 3 初次衬砌施工后不同时间段的围岩温度场分布规律可以看出，在施工 12 h、24 h、36 h、48 h、60 h 后，围岩温度场最高温度分别为 3.32 ℃，1.25 ℃、5.05 ℃、3.94 ℃、2.72 ℃。相较于工况 1 与工况 2，在不同时段围岩温度场的最高温度有不同程度的降低，随着时间的推移，与前两种工况施工后围岩的最高温度差值也在逐渐提高。融化圈厚度计算结果表明，在预喷 5 cm 的 EASC 之后的 24 h 内，冻土围岩均未产生融化圈，这说明 5 cm 的 EASC 产生的水化热不足以让冻土融化。初次衬砌施工后的相同时间段内，相比于工况 1 与工况 2，工况 3 使冻土围岩融化产生的融化圈最小，当初次衬砌施工 60 h 后，围岩融化圈厚度仅为 0.124 m。相较于工况 1 与工况 2 施工 60 h 后冻土围岩融化圈的 0.535 m、0.196 m，分别降低了 0.413 m、0.074 m。

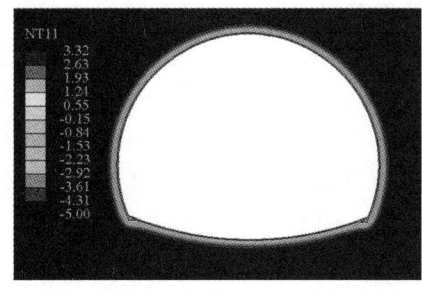

（a）12 h

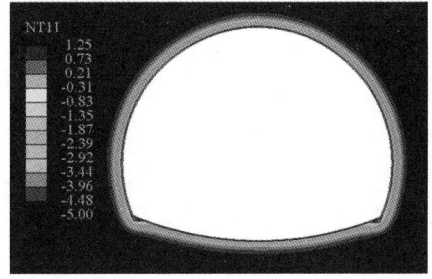

（b）24 h

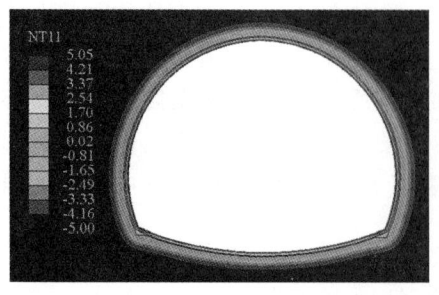 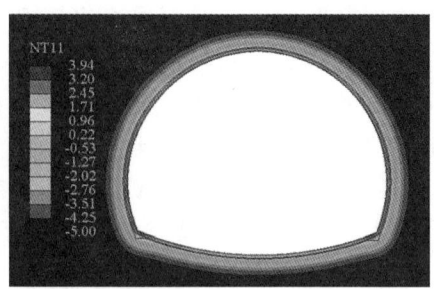

(c) 36 h　　　　　　　　　　　　(d) 48 h

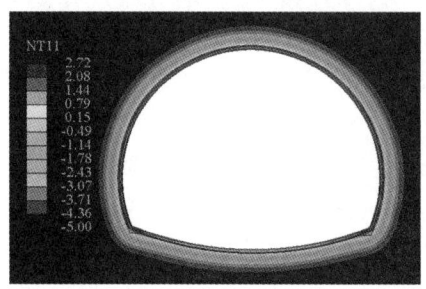

(e) 60 h

图 6.9　工况 3 施作初次衬砌后围岩温度场变化规律

表 6.4　工况 3 初次衬砌之后不同时间的围岩融化圈厚度　单位：m

| 初次衬砌时间 | 12 h | 24 h | 36 h | 48 h | 60 h |
| --- | --- | --- | --- | --- | --- |
| 融化圈厚度 | 0 | 0 | 0.092 | 0.117 | 0.124 |

（2）施作初次衬砌后沿围岩深度方向的温度分布规律。

工况 3 条件下沿围岩深度方向不同位置的温度分布规律如图 6.10 所示。

从图 6.10 可以看出，在预喷 5 cm 的 EASC 之后，壁面温度升高至混凝土入模温度 5 ℃，随后因冻土围岩与洞口气温的冷却作用迅速降低至负温；距壁面 20 cm 处的温度在预喷 12 h 后即有下降趋势，距壁面 40 cm、60 cm 处的温度在缓慢增加。进行 5 cm 的 EASC+12 cm 的普通喷射混凝土复喷后，壁面温度升高至正温，随后在极短的时间内降低，最终趋于稳定。由距壁面不同距离处温度随时间的变化规律可知，距壁面 20 cm、40 cm、60 cm 处的温度均有不同程度的升高，但在整个施工过程中，各位置处均无正温。

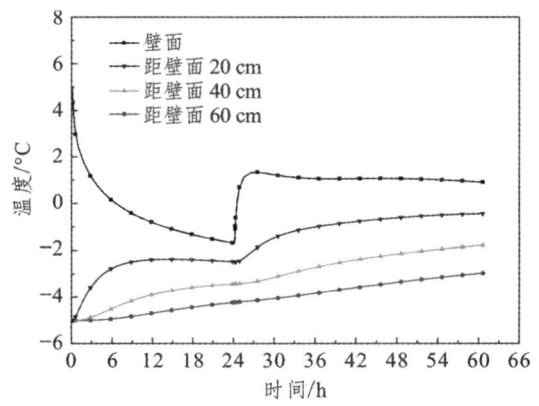

图 6.10 工况 3 各时间段不同位置的温度变化规律

根据上述计算结果，从减少喷射混凝土对冻土围岩热扰动、保护冻土不融化的角度判断，工况 3 中"预喷 5 cm 的 EASC+第一次复喷 5 cm 的 EASC+第二次复喷 12 cm 的普通喷射混凝土"为最佳工况，此类工况下，施工 24 h 内冻土围岩没有融化圈，在 60 h 时融化圈厚度仅为 0.124 m。

## 6.2 EASC 初期支护结构的软岩隧道衬砌变形研究

### 6.2.1 隧道支护结构概述

多年冻土区浅埋隧道常遇软弱围岩，施工导致的围岩大变形是影响隧道工程施工安全性的重要因素。对于浅埋软弱围岩，由于其强度低，在隧道施工过程中受到较高的地应力，往往会有较大的变形。当软岩的剪应力逐渐达到其强度时，周围的大部分岩体进入塑性状态，导致岩体变形侵入隧道。因此，在面对围岩大变形问题时，需要考虑围岩强度和蠕变特性等因素[187-188]。在实际应用中，相比于岩体强度，软岩隧道的变形率很大程度上取决于岩体性质、地应力和地质条件[189-191]。

对于软弱围岩环境中的隧道，如何提高隧道的稳定性已成为隧道开挖的主要问题之一[192-196]。大多数研究评估了支撑围岩压力或地应力条件下开挖的隧道的支护行为，并决定采用合适的支护结构[195,197,198]。一般来说，根据地质条件、地应力和其他条件，刚性支护结构和柔性支护结构都能有效地限制软岩大变形。刚性支护可以直接限制隧道的大变形。

Dwivedi 等[195]、Aksoy 等[199]讨论了具有一定开挖承载力的不可变形支护元件，研究中还采用有限元分析研究了大变形岩体。结果表明，非变形支护元件可用于大变形岩石，无需过度开挖。此外，在某些允许变形的情况下，可以使用柔性支护结构。隧道支护结构可以容纳围岩挤压甚至严重挤压地面产生的变形，进而可容纳一定量的过度开挖。Cantieni 等[200]利用数值分析研究了柔性支护与挤压地面之间的相互作用，其中包括掘进隧道方向周围空间应力场的变化。由于逆冲带岩体的应力失效和穿过 Bolu 隧道的断层，Dalgic[193]深入探讨了柔性支护方法的可行性，这些方法主要涵盖了柔性支护的运用、适度过度开挖的策略、喷射混凝土衬砌中设置的纵向间隙，以及屈服岩石螺栓的布置。Mezger 等[201]进行了一系列比较分析，研究了径向或切向可变形衬砌（柔性）与传统的刚性衬砌在性能上的差异，研究结果显示，在穿越岩体的深埋隧道项目中，可变形衬砌结构展现出了显著的优势。Tian 等[202,203]着重探讨了喷射混凝土衬砌与岩石之间的相互作用，并进一步研究了衬砌的屈服应力对喷射混凝土衬砌性能的影响。

综上所述，尽管上述研究都是针对刚性支护或柔性支护结构进行的，但大多数研究都是定性描述支护的效果以及支护结构的可行性。只有少数研究具有完整的支护体系，并定量评价了其在工作条件下的整体性能。基于此，本节提出了一种特殊的半刚性支护结构。它使用第 5 章研究中的 EASC 作为垫层材料，利用 EASC 的低弹模特性，使软弱围岩在可接受的范围内变形，并将该支护结构与相同条件下传统刚性支护结构的受力状态与变形情况进行了对比。

### 6.2.2 特殊半刚性支护结构的开发

在本书中，将 EASC 作为柔性缓冲层代替一部分普通喷射混凝土设置于普通喷射混凝土与软弱围岩之间，设计了一种特殊的半刚性支护结构，如图 6.11 所示。

衬砌主要由喷射混凝土、钢拱架、钢筋网组成，喷射混凝土和钢筋网附着在围岩壁面上，以防止围岩风化。喷射混凝土对于围岩具有一定的支护作用，使围岩的整体性得到了加强。钢拱架的作用是承载围岩引起的荷载，一般来说钢拱架在纵向方向上的间距在 50~80 cm 之间。与传统的初次衬砌设计不同，该特殊的半刚性支护使用 EASC 作为一种垫层材料来抵抗地面压力。根据第 6.1.3 节得出的初次衬砌施工最佳工况,首先,在隧道开挖后立即向围岩表面喷射一定厚度的 EASC,EASC 柔性功能层在普通喷射混凝土与围岩之间,可分配由围岩引起的较大的地应力,以防止局部应力集中在喷射混凝土上,并且可以减少二次衬砌上岩体引起的载荷;随后,进行一定厚度的普通喷射混凝土施工,其与 EASC 共同组成初次衬砌结构,以达到初期支护的目的;最后,在喷射混凝土上施作二次衬砌结构(二次衬砌是用钢筋混凝土成型的)。与初次衬砌相比,二次衬砌通常被认为是加固的支撑结构,其厚度一般在 40～70 cm 之间。

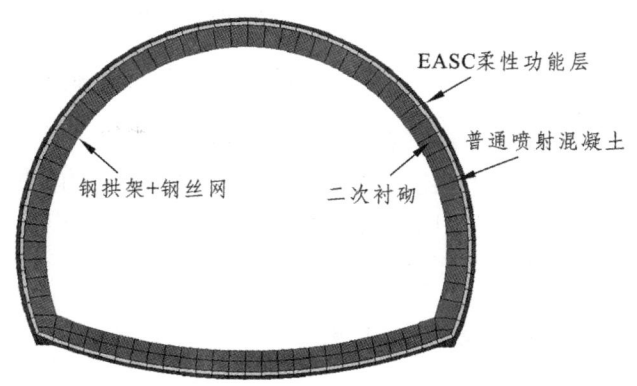

图 6.11 软岩隧道的 EASC 支护结构

### 6.2.3 乳化沥青喷射混凝土(EASC)性能参数

由前文分析可知,EASC 是一种具有良好孔隙分布的混凝土。EASC 由于其弹性模量小,具有良好的变形能力;但也存在一些缺点,如易开裂,弹性模量和强度极低,特别是强度极低,导致其无法抵抗隧道内部的大量变形,从而给衬砌造成多余的载荷。这些缺点不利于 EASC 在隧道施工时吸收围岩的大变形压力。

为了克服这些缺点,研制了将粉煤灰、PVA 纤维等添加剂混合使用的一种新型 EASC。这种新型 EASC 的强度、弹性、延性和耐久性等性能均高于普通 EASC。利用单轴压缩试验观察了喷射混凝土的力学性能,EASC 与普通喷射混凝土的应力应变曲线如图 6.12 所示。

由图 6.12 可知,研究中使用的 EASC 抗压强度与普通喷射混凝土相差不大,可以满足隧道施工中初期承载力的要求。

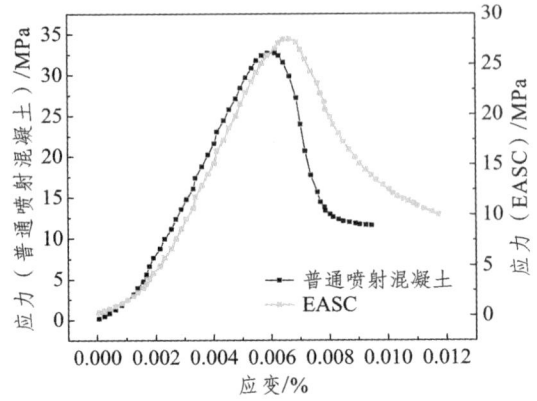

图 6.12 喷射混凝土单轴压缩下的应力应变曲线

综上所述,EASC 不仅具有优异的抗压强度,能够承受较大压力;还因其独特的孔结构,表现出比水泥混凝土更好的变形能力;更关键的是,其出色的延展性使其在塑性阶段仍不易开裂。因此,可以将 EASC 作为一种缓冲材料用于特殊的柔性支护结构中。

### 6.2.4 工程条件及支护方案

#### 1. 工程条件

以昆仑山隧道洞口段为例,洞口周围的软岩主要为泥岩和泥质裂隙页岩。在初始隧道施工过程中,由于岩石挤压造成的地面压力较大,支撑措施不足,隧道衬砌有了较大的变形。其中包括 25 cm 的冠状沉降,侧壁有 40 cm 的变形,初次衬砌被破坏,导致拱顶和侧壁发生塌落。拱顶坍塌,初次衬砌的损坏主要是由于原有的支撑物支护效果不足。损坏是在初次衬砌施工几天后开始的。这表明软岩有蠕变现象,由于软岩的蠕变现象,隧道受到了较大的地面压力。

#### 2. 支护方案

由于初次衬砌支护效果不足,为加强隧道衬砌的强度,根据隧道工程的要求,可采用刚性支护效果的二次衬砌进行防护。由于二次衬砌是用钢筋混凝土做成的,因此它的承载能力比初次衬砌更大。此外,可利用喷射混凝土和围岩的自身承载力,并利用 EASC 缓冲层来适应初次衬砌和围岩的变形,再配合二次衬砌共同组成半刚性支护结构。

因此，对于该隧道有两种可选的支撑方案，即刚性支护结构和半刚性支护结构。

图 6.13 所示为刚性支护结构（方案 1）。初次衬砌（22 cm 的喷射混凝土）用于承载隧道开挖过程中的荷载。初次衬砌施工后，变形层采用作为二次衬砌的钢筋混凝土填充。二次衬砌厚度为 65 cm，以承受软岩蠕变引起的地面荷载。

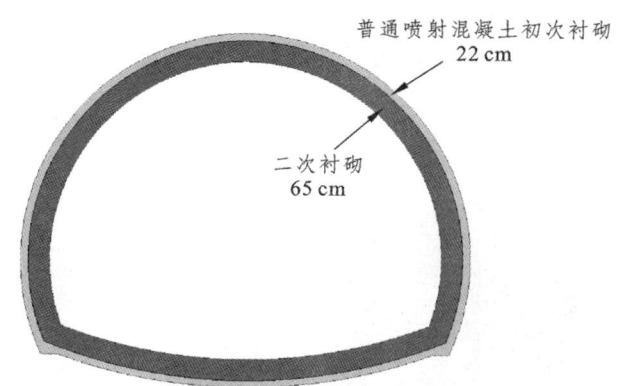

图 6.13　普通喷射混凝土衬砌支护（方案 1）

图 6.14 所示为半刚性支护结构（方案 2）。与方案 1 相同，初次衬砌为 22 cm 的喷射混凝土，其中在围岩与普通喷射混凝土之间含有 10 cm 的 EASC 垫层。65 cm 的二次衬砌同样是为了承受由软岩蠕变引起的地面荷载。

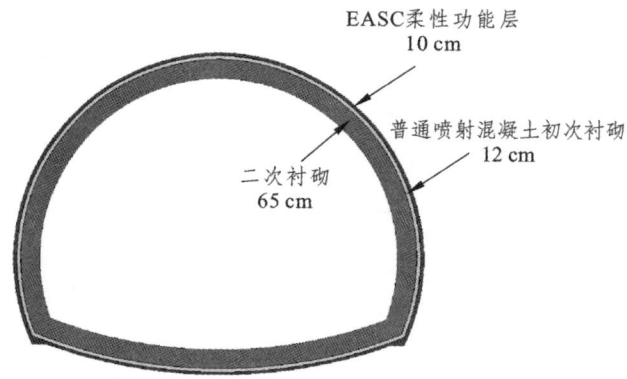

图 6.14　EASC 衬砌支护（方案 2）

## 6.2.5 建模分析

### 1. 数值模型

为方案 1 和方案 2 建立了两个数值三维模型。两种模型的几何尺寸和边界均相同。模型宽 100 m,高 100 m,纵向方向长 2 m。在此模型中,假设沿基准面边界的垂直变形和沿垂直边界的横向变形为 0。此外,1 000 m 地应力的覆盖层作用于模型的顶表面。岩体和支撑物(包括初次衬砌、EASC 和二次衬砌)均采用实体构件进行模拟。方案 1 模型有 4 292 个节点和 4 160 个元素,而方案 2 模型有 4 292 个节点和 4 358 个元素。方案 2 的数值模型如图 6.15 所示。

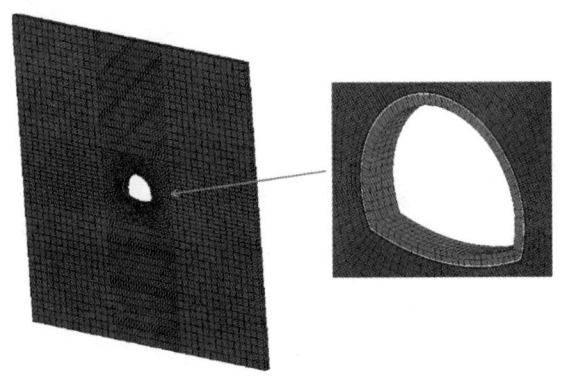

图 6.15 方案 2 的数值模型

### 2. 材料参数

钢拱架参数见表 6.5。

表 6.5 钢拱架参数

| 型号 | 横截面积/cm² | 截面高度/cm² | 轴向间距/m | 弹性模量/MPa |
|---|---|---|---|---|
| HW150 | 40.55 | 15 | 1.5 | 21 000 |

喷射混凝土中挂有钢丝网,钢丝网采用 304 不锈钢,其具体参数见表 6.6。其中,网丝直径为 1 mm,网格间距为 20 mm。

表 6.6 钢丝网参数

| 抗拉强度/MPa | 屈服强度/MPa | 伸长率/% | 断面收缩率/% |
|---|---|---|---|
| 580 | 220 | 45 | 65 |

岩体、衬砌的参数（表6.7）和软岩的蠕变参数（表6.8）是通过室内试验确定的[204]。根据试验结果，建立了一个具有幂函数的经验蠕变模型来描述软岩的蠕变应变，即

$$\varepsilon_t + \varepsilon_s = A(\sigma_{eq})^n t^{m+1} \tag{6.18}$$

式中：$\varepsilon_t$——初始阶段的蠕变应变；

$\varepsilon_s$——稳定阶段的蠕变应变；

$\sigma_{eq}$——等效蠕变应力，在双轴试验中等于（$\sigma_1 - \sigma_3$）；

$t$——时间；

$A$、$m$、$n$——材料蠕变参数。

表6.7 岩体与衬砌性能参数

| 结构 | 弹性模量/GPa | 泊松比 | 内聚力/MPa | 内摩擦角/(°) | 密度/(kg·m$^{-3}$) |
|---|---|---|---|---|---|
| 软岩 | 3 | 0.3 | 2.47 | 32 | 2 685 |
| 初次衬砌 | 26 | 0.17 | 3.12 | 41 | 2 500 |
| 二次衬砌 | 30 | 0.27 | 16.99 | 58.7 | 2 500 |

表6.8 岩体蠕变参数

| $A$ | $n$ | $m$ |
|---|---|---|
| 1.440 8×10$^{-5}$ | 0.383 | -0.833 |

根据室内试验结果，EASC的性能参数见表6.9。使用ABAQUS有限元软件对EASC进行建模。

表6.9 EASC性能参数

| 弹性模量/GPa | 泊松比 | 干密度/(kg·m$^{-3}$) | $K^0$ | $K^t$ | $\Sigma c$/MPa |
|---|---|---|---|---|---|
| 20 | 0.13 | 1 800 | 0.48 | 0.1 | 3.2 |

3．计算结果分析

通过数值计算，可以确定初次衬砌和二次衬砌的应力和变形。对于方案2，计算中包括柔性缓冲层。为了评价半刚性支护结构的性能，对两种方案的初次衬砌和二次衬砌的应力和变形进行了比较。由于数值模

型的对称性和边界条件,角度 $\varphi$ 由顺时针从隧道的底部到顶部,选择 $\varphi=0°\sim90°$的四分之一圆周进行分析,如图 6.16 所示。

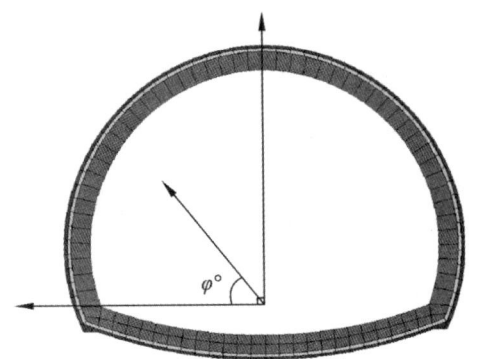

图 6.16 $\varphi$ 从底部到拱顶呈顺时针方向

(1)初次衬砌。

在方案 2 中,由于初次衬砌中加入了柔性功能层 EASC,因此初次衬砌施工后在初次衬砌层中引起的应力与方案 1 不同。

图 6.17 所示为方案 1 和方案 2 初次衬砌沿隧道底部到拱顶($\varphi=0°\sim90°$)的最大主应力的比较(垂直径向方向)。

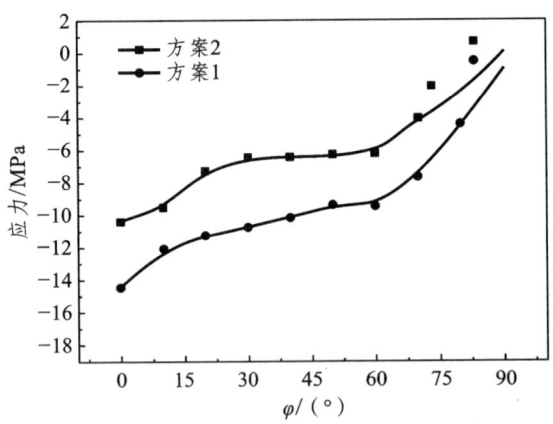

图 6.17 两种方案初次衬砌最大主应力的比较

由图 6.17 可以看出,对于方案 1,初次衬砌的最大主应力约为 14 MPa。对于方案 2,最大主应力变化规律与方案 1 相同,且在各个位置处都小于方案 1,最大主应力小于 11 MPa,平均最大主应力较方案 1

中平均最大主应力减小了 21%。两种方案初次衬砌的最大主应力小于 0,这意味着初次衬砌处于受压状态。

图 6.18 所示为方案 1 和方案 2 的初次衬砌中的最小主应力(径向方向)的比较。

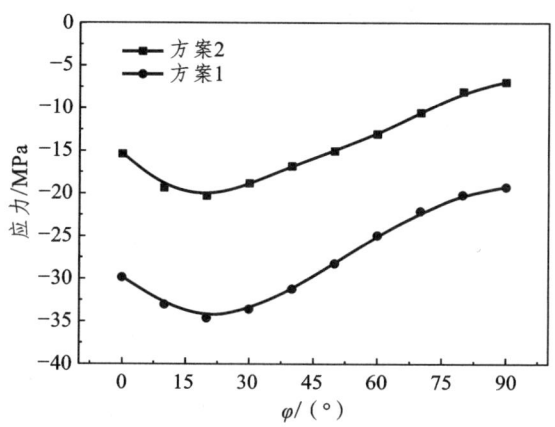

图 6.18　两种方案初次衬砌最小主应力的比较

由图 6.18 可以看出,对于方案 1,$\varphi$ 为 0°~15°时,初次衬砌最小主应力约为 35~30 MPa;$\varphi$ 为 15°~90°时,约为 35~20 MPa。对于方案 2,最小主应力变化规律与方案 1 相同,各位置处的最小主应力都小于方案 1,方案 2 中初次衬砌的平均最小主应力较方案 1 减小了 43%。这表明,EASC 柔性缓冲层的设置可以减少初次衬砌的最小主应力。此外,应力为负数表示衬砌中的受力情况是受压的。这种现象是由于 EASC 缓冲层的弹性模量小于普通喷射混凝土,所以产生了较大变形,释放了主应力。

综上所述,由于 EASC 缓冲层的设置,方案 2 中初次衬砌的最大和最小主应力都较小,从而改善了初次衬砌的受力状态。

(2)变形缓冲层。

在方案 1 中,缓冲层采用水泥混凝土作为刚性支撑。在方案 2 中,缓冲层为 EASC 垫层。因此,初次衬砌与缓冲层的相互作用具有重要意义。

图 6.19 所示为两种支护方案的初次衬砌与缓冲层的接触应力变化规律。

由图 6.19 可以看出，方案 1 中各位置处的接触应力较大，其中，$\varphi$ 为 15°~90°时，接触应力为 2 MPa 左右。方案 2 各位置处的接触应力相对于方案 1 要小，这是由于 EASC 作为一个垫层释放了一部分接触应力。

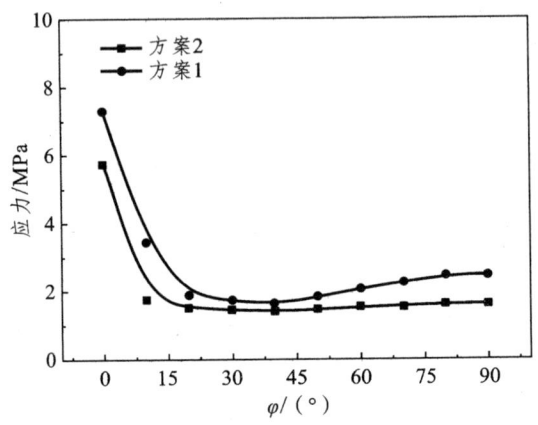

图 6.19　两种方案围岩与初次衬砌接触应力的比较

图 6.20 所示为两种方案缓冲层的应力分布。

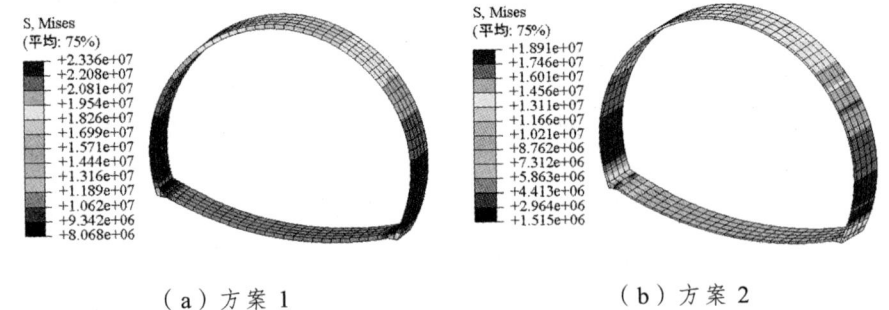

（a）方案 1　　　　　　　　　　（b）方案 2

图 6.20　两种方案下缓冲层的应力分布（单位：Pa）

由图 6.20 可以看出，方案 2 中侧壁的应力较小且分布均匀，只有局部产生应力集中。因此，EASC 垫层可以有效减少二次衬砌上的开挖荷载，是半刚性支护结构中限制软岩隧道衬砌大变形的重要因素。

（3）二次衬砌。

图 6.21 所示为方案 1 和方案 2 的二次衬砌中的塑性区分布。

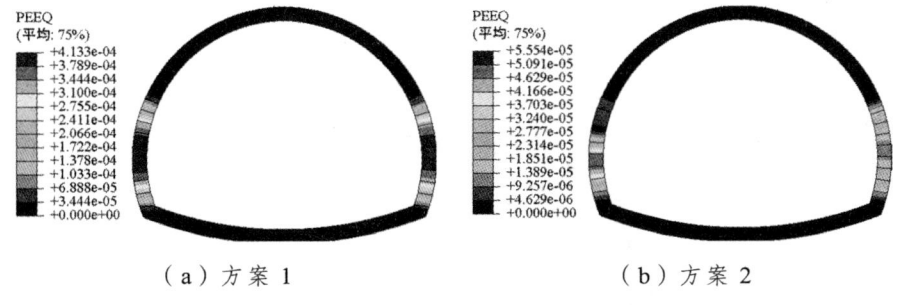

(a) 方案 1　　　　　　　　　　(b) 方案 2

图 6.21　两种方案二次衬砌中的塑性区分布

由图 6.21 可以看出，在两种方案的拱脚处都有相似塑性状态的区域。对于方案 1，几乎整个二次衬砌都处于塑性状态。而对于方案 2，只有一些如拱脚和拱底等区域处于塑性状态。此外，方案 1 的最大塑性应变为 $4.13×10^{-4}$，而方案 2 的最大塑性应变为 $5.55×10^{-5}$。因此，方案 2 的二次衬砌中的受力状态明显优于方案 1。文献[205]~[207]中也得到了类似的结果，即在初次衬砌中加入缓冲变形层，二次衬砌的受力状态有较大改善。这可以归因于方案 2 中围岩与初次衬砌之间的 EASC 层。

同理可知，对于二次衬砌的变形，方案 2 也优于方案 1，特别是在拱顶和二次衬砌的侧壁处。图 6.22 与图 6.23 所示为两种方案拱顶与侧壁的二次衬砌变形变化曲线。

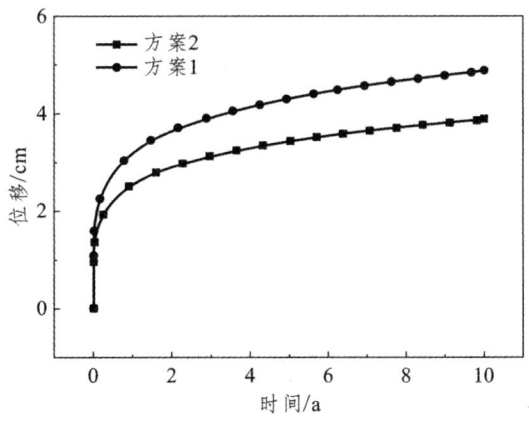

图 6.22　方案 1 和方案 2 中二次衬砌拱顶变形的比较

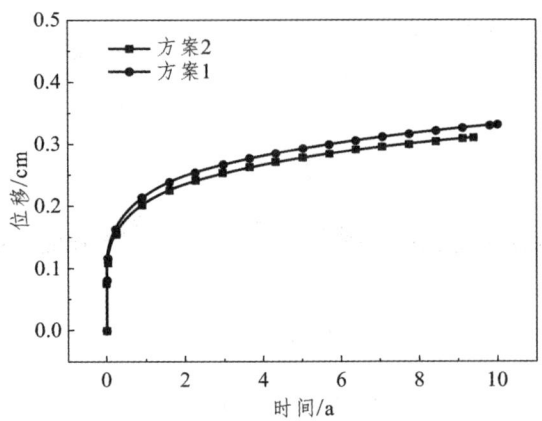

图 6.23　方案 1 和方案 2 中二次衬砌侧面变形的比较

由图 6.22 可知，考虑到软岩蠕变对二次衬砌 10 年的影响，方案 2 中拱顶处的二次衬砌变形仅为 3.7 mm，而方案 1 的变形为 4.9 mm。因此，方案 2 拱顶处的二次衬砌变形比方案 1 小了 24%。由图 6.23 可知，方案 2 的二次衬砌两侧的变形仅为 0.28 mm，而方案 1 的变形为 0.33 mm。因此，方案 2 的二次衬砌侧面的变形比方案 1 小 15%。

上述结果表明，EASC 层能有效降低二次衬砌结构的变形。

## 6.3　本章小结

本章利用 ABAQUS 有限元模拟软件，运用围岩导热微分方程的差分解法计算了不同工况下多年冻土区隧道洞口段围岩的温度场，计算了不同工况下隧道围岩融化圈的厚度，研究了沿围岩深度方向不同位置处的温度分布规律。根据研究结果，得出了多年冻土区隧道洞口段初次衬砌施工的最佳工况。将最佳施工工况下的 EASC 作为垫层材料，开发了一种特殊的半刚性支护结构，将其应用于多年冻土区的软岩隧道，并与传统刚性支护结构进行比较，主要结论如下：

（1）喷射混凝土水化放热是导致冻土围岩温度场变化的主要原因，相较于普通喷射混凝土，EASC 具有低水化热特点，对冻土围岩的热扰动较小。此外，EASC 还具有保温隔热的作用，能较好地隔绝向冻土围岩方向传递的热量。

（2）根据昆仑山隧道与风火山隧道的工程条件，设计了3种不同工况进行初次衬砌施工。在初次衬砌施工 60 h 后，工况 1～工况 3 中冻土围岩的融化圈厚度分别为 0.535 m、0.196 m、0.124 m。

（3）从减少喷射混凝土对冻土围岩热扰动、保护冻土不融化的角度判断，工况 3 中"预喷 5 cm 的 EASC+第一次复喷 5 cm 的 EASC+第二次复喷 12 cm 的普通喷射混凝土"为最佳工况，此类工况下施工 24 h 内冻土围岩没有融化圈，在 60 h 时融化圈厚度仅为 0.124 m。

（4）EASC 柔性功能层的设置可以降低初次衬砌中的最大和最小主应力，方案 2（半刚性支护）中初次衬砌的平均最大主应力较方案 1（刚性支护）降低了 21%，方案 2 中的平均最小主应力较方案 1 降低了 43%，从而改善了初次衬砌的受力状态。

（5）在对比初次衬砌与缓冲层界面的接触应力时，方案 2 的接触应力水平显著小于方案 1。同时，EASC 缓冲层中的应力不仅较小，而且分布均匀，这表明 EASC 层在减少二次衬砌上开挖荷载方面具有积极作用。与方案 1 相比，方案 2 的二次衬砌的受力状态明显改善，方案 2 中拱顶与侧壁的变形分别减小了 24% 和 15%。

# 7

# 绪论与展望

## 7.1 主要研究结论

本书采用铝酸盐水泥为改性剂,焦磷酸钠为促凝剂,制备了负温下可水化的普通硅酸盐水泥体系;采用固体醋酸钙作为降冰点盐制备了低冰点乳化沥青;利用 X 射线衍射和扫描电镜分析了负温水泥体系的水化机理。通过破乳时间与旋转黏度测试、凝结时间与电阻率试验及一系列微观试验,探究了负温条件下水泥与阴离子乳化沥青的交互作用机理;基于水泥与乳化沥青的交互作用机理,制备了可在负温环境下喷涂的 CEAC,并研究了水固比、砂胶比、乳化沥青掺量、粉煤灰替换率、PVA 纤维掺量对其喷涂性能与流变性能的影响,得到了适合在负温环境中喷涂的 CEAC 的喷涂性能和流变参数范围;在此基础上,制备了可在负温环境下使用的 EASC,采用正交试验探究了关键配合比参数对于 EASC 工作性能的影响,并优化了 EASC 关键配合比参数,借助混凝土喷射试验与室内试验,探究了乳化沥青与 PVA 纤维对 EASC 性能的影响,并得出了 EASC 最佳配合比;根据最佳配合比下的 EASC,借助 ABAQUS 有限元软件研究了 EASC 对冻土围岩的传热机制,确定了最佳工况;最后根据最佳工况,设计了一种半刚性支护结构,根据软岩经典蠕变模型,采用 ABAQUS 有限元软件研究了该结构对软岩隧道中衬砌结构应力状态的改善。通过上述研究,得到主要结论如下:

(1)在 $-10\ ℃$ 养护条件下,负温水泥体系的性能主要受铝酸盐水泥和焦磷酸钠掺量的影响。铝酸盐水泥与焦磷酸钠的掺入显著促进了负温水泥体系早期的快速硬化,但对后期水化产物的形成产生了一定的抑制作用。当铝酸盐水泥的掺量为 10% 时，水泥试样在早期水化阶段主要生成了 C-S-H 凝胶和 $NO_2$-AFm 晶体作为水化产物。经过 7 d 的负温水化，试样中开始出现 $Ca(OH)_2$ 晶体，使得微观结构更加致密，从而增强了材料的强度。负温养护 28 d 时，试样的抗压强度提升至 32.4 MPa，表明其水化反应的长期作用对材料力学性能的改善仍具有显著效果。然而，铝酸盐水泥和焦磷酸钠的对硅酸盐水泥后期水化表现出一定的负面影响，限制了后期水化产物的进一步生成。

（2）结合乳化沥青在水泥中的破乳时间、光学显微镜图像及 CEA 浆体黏度变化规律分析可知，水泥水化加速了乳化沥青的破乳过程；CEA 浆体的凝结时间、电阻率试验与 SEM 图像结果显示，乳化沥青的掺入延缓了水泥的水化进程，且乳化沥青掺量越多，对水泥水化的延缓作用就越明显。在 CEA 浆体中，水泥的水化是破乳沥青破乳的诱因，而乳化沥青破乳又延缓了水泥的水化。同时，沥青颗粒逐渐聚集增大，然后在水泥颗粒表面形成沥青膜结构，CEA 黏度随之增加。水泥的水化和乳化沥青的破乳是 CEA 材料性能的主要来源，这两个过程通过其交互作用相互平衡。

（3）根据 CEAC 喷涂性能和流变性能，利用控制变量法确定了 CEAC 的最佳配合比：水固比为 0.14，砂胶比为 0.5，粉煤灰替换率为 20%，乳化沥青掺量为 5%，PVA 纤维体积掺量为 1.5%。基于喷涂性能与流变性能的关系，得到了适合在负温环境中喷涂的 CEAC 的喷涂性能和流变参数范围。其中，屈服应力和塑性黏度范围分别为 80.14 ~ 110.23 Pa 和 2.37 ~ 3.95 Pa·s，一次喷涂厚度和回弹率分别为 22 ~ 34 mm 和 9.27% ~ 17.01%。上述范围对 CEAC 在负温环境中喷涂应用具有指导意义。CEAC 的一次喷涂厚度与屈服应力和塑性黏度呈正相关，回弹率与屈服应力和塑性黏度呈负相关。在特定范围内，CEAC 的流变性能参数可以用来表征其喷涂性能。

（4）在负温环境下，乳化沥青的掺入降低了 EASC 对冻土的热扰动，增加了混凝土的黏性，从而提高了 EASC 与冻土之间的黏结性能，降低了回弹率。当乳化沥青掺量为 10% 时，EASC 与冻土界面处的最高温度由 3.3 °C 降至 0.1 °C，EASC 与冻土之间的黏结强度为 2.05 MPa，回弹率降至 13.8%。铝酸盐水泥与焦磷酸钠加快了 EASC 早期力学强度发展，但对后期强度发展不利。随着乳化沥青掺量的提高，EASC 的力学强度有所损失，抗裂性能逐渐提升。

（5）随着 PVA 纤维体积掺量的增加，EASC 与冻土之间的黏结性能先提高后降低，回弹率先减小后增大。当 PVA 纤维体积掺量为 0.5% 时，EASC 与冻土之间的黏结强度为 2.11 MPa，回弹率降至 12.7%。随着 PVA 纤维体积掺量的增加，EASC 的抗压强度逐渐降低，抗折强度与折压比持续增大，抗裂性能逐渐提升。

（6）随着乳化沥青掺量与 PVA 纤维体积掺量的增加，EASC 干燥收缩率都有不同程度的降低；EASC 耐久性能先提高后降低。其中，乳化沥青掺量由 0% 增至 10% 时，EASC 干燥收缩率降低了 10.8%；PVA 纤维体积掺量由 0% 增至 1% 时，EASC 干燥收缩率降低了 11.5%。当乳化沥青掺量为 5%，PVA 纤维体积掺量为 0.5% 时，EASC 内部孔结构发展密实，孔隙率低，耐久性能较好。此时，抗渗等级为 P14，电通量为 756 C。冻融循环 300 次后的质量损失率不足 1%，相对动弹性模量下降仅 10.4%，耐久性指数为 89.6%。继续增大乳化沥青掺量会影响水泥水化进程，而继续增大 PVA 纤维体积用量会影响 EASC 密实结构的形成，从而降低 EASC 的耐久性能。根据不同乳化沥青掺量与 PVA 纤维体积掺量的 EASC 性能测试结果，确定 EASC 中最佳乳化沥青掺量为 5%，PVA 纤维最佳体积掺量为 0.5%。

（7）EASC 的微观孔隙结构表明，当乳化沥青掺量由 0% 增至 5% 时，EASC 内部的毛细孔和大孔比例逐渐降低至 19.47% 与 4.03%，从而提高了 EASC 的耐久性能；当乳化沥青掺量大于 5% 时，随着乳化沥青掺量的提高，EASC 中毛细孔与大孔的比例逐渐增加，从而降低其耐久性；当乳化沥青掺量为 10% 时，毛细孔与大孔的体积分别达到总孔隙体积的 30.58% 与 19.02%。

（8）根据昆仑山隧道与风火山隧道的工程条件，设计了 3 种不同工况进行初次衬砌施工。在初次衬砌施工 60 h 后，工况 1～工况 3 中冻土围岩的融化圈厚度分别为 0.535 m、0.196 m、0.124 m。从减少喷射混凝土对冻土围岩热扰动、保护冻土不融化的角度判断，工况 3 中"预喷 5 cm 的 EASC+第一次复喷 5 cm 的 EASC+第二次复喷 12 cm 的普通喷射混凝土"为最佳工况，此类工况下施工 24 h 内冻土围岩没有融化圈，在 60 h 时融化圈厚度仅为 0.124 m。

（9）EASC 柔性功能层的设置可以降低初次衬砌中的最大和最小主应力，本研究设计的半刚性支护结构中初次衬砌的平均最大主应力与最小主应力较传统刚性支护分别降低了 21%、43%，从而改善了初次衬砌的受力状态。半刚性支护结构中初次衬砌与缓冲层界面的接触应力小于刚性支护结构。同时，EASC 缓冲层中的应力不仅较小，而且分布均匀，这表明 EASC 层在减少二次衬砌上岩体开挖荷载方面具有积极作用。与传统刚性支护结构相比，半刚性支护结构的二次衬砌的受力状态明显改善，其中拱顶与侧壁的变形分别减小了 24% 和 15%。

## 7.2 本书创新点

（1）创造性地提出了乳化沥青喷射混凝土在多年冻土区隧道工程中的应用，并从理论和实践的角度进行了系统的研究。

（2）揭示了高原环境下硅酸盐-铝酸盐-磷酸盐水泥体系的负温水化机理，研发了乳化沥青喷射混凝土新材料。

（3）建立了三种工况条件下有限元分析模型，优化提出了刚柔兼济的隧道半刚性支护结构，改善了初次衬砌与二次衬砌的受力状态。

## 7.3 展　望

（1）本书只对负温环境下水泥与阴离子乳化沥青的交互作用机理进行了研究。实际上，在水泥乳化沥青浆体中，不同离子类型的乳化沥青可能会与水泥产生不同的交互作用，进而影响水泥乳化沥青混合料的性能。后续可对其他离子类型的乳化沥青与水泥的交互作用进行研究。

（2）本书研究只进行了养护龄期为 28 d 的喷射混凝土耐久性能试验，而在实际喷射混凝土服役过程中，人们更加重视喷射混凝土施工 1 年甚至更久时间后的性能，后续可进行养护龄期为 1 年甚至更长时间的 EASC 耐久性能试验。

# 参考文献

[1] 齐康平. 青藏铁路昆仑山隧道施工实践[J]. 贵州大学学报(自然科学版), 2010, 27 (3): 130-133.

[2] 张学富, 张闽湘, 杨风才. 风火山隧道温度特性非线性分析[J]. 岩土工程学报, 2009, 31 (11): 1680-1685.

[3] BERNARDO G, GUIDA A, MECCA I. Advancements in shotcrete technology[J]. WIT Transactions on The Built Environment, 2015(153): 591-602.

[4] 王巧, 王祖琦, 宋普涛, 等. 高强湿喷混凝土强度降低的原因探析与改进[J]. 材料导报, 2018, 32 (32): 460-465+470.

[5] LUO Y, CHEN J. Research status and progress of tunnel frost damage[J]. Journal of Traffic and Transportation Engineering: English Edition, 2019, 6(3): 297-309.

[6] 王灿. 寒区多年冻土隧道融沉变化规律及热害处治措施研究[D]. 西安: 长安大学, 2016.

[7] 杨旭, 严松宏, 马丽娜. 季节性冻止区隧道温度场分析与预测[J]. 隧道建设, 2012, 32 (1): 57-61.

[8] 刘志春, 李文江, 朱永全, 等. 青藏铁路风火山隧道洞内外温度实测与分析[J]. 铁道标准设计, 2004 (11): 56-58.

[9] 肖询. 高海拔季节性冻土隧道围岩温度场研究[D]. 西安: 长安大学, 2014.

[10] 匕风鸣. 寒冻地区铁路隧道气温状态[J]. 冰川冻土, 1988 (4): 450-453.

[11] 陈建勋. 寒冷地区隧道防冻隔温层设计计算方法及应用[J]. 土木工程学报, 2004 (11): 85-88.

[12] LUNARDINI V J. Heat transfer with freezing and thawing[M]. Amsterdam: Elsevier Sciences Publishers, 1991: 75-86.

[13] SHAMSUNDAR N. Formulae for freezing qutside a circular tube with axial variation of coolant temperature[J]. International Journal of Heat and Mass Transfer, 1982, 25(10): 1614-1616.

[14] 黄双林. 昆仑山隧道施工期间围岩冻融圈的初步研究[J]. 冰川冻土, 2003, 25 (1): 100-103.

[15] 张先军. 青藏铁路昆仑山隧道洞内气温及地温分布特征现场试验研究[J]. 岩石力学与工程学报, 2005, 24 (6): 1086-1089.

[16] 夏才初, 张国柱, 肖素光. 考虑衬砌和隔热层的寒区隧道温度场解析解[J]. 岩石力学与工程学报, 2010, 29 (9): 1767-1773.

[17] 韩跃杰, 富志鹏, 李博融. 多年冻土区隧道传热模型及温度场分布规律[J]. 中国公路学报, 2019, 32 (7): 136-145.

[18] 沈世伟, 夏才初, 黎岩, 等. 喷射混凝土对多年冻土区公路隧道围岩冻融圈的影响规律研究[J]. 2015, 51 (1): 82-88+97.

[19] 李明勇. 季节性冻土隧道模型试验与水热力数值模拟研究[D]. 重庆: 重庆交通大学, 2023.

[20] 姚红志, 张晓旭, 董长松, 等. 多年冻土区公路隧道保温隔热层铺设方式及材料性能对比分析[J]. 中国公路学报, 2015, 28 (12): 106-113.

[21] 李磊. 多年冻土隧道洞口段抗冻设防长度计算方法及温度响应研究[D]. 成都: 西南石油大学, 2016.

[22] 崔振伟. 季节性冻土隧道洞口段防冻保温技术研究[D]. 兰州: 兰州交通大学, 2017.

[23] TAN X, CHEN W, YANG D, et al. Study on the influence of airflow on the temperature of the surrounding rock in a cold region tunnel and its application to insulation layer design[J]. Applied Thermal Engineering, 2014, 61(1-2): 320-334.

[24] 王星华, 汤国璋, 江亦元, 等. 多年冻土隧道开挖稳定性分析[J]. 矿冶工程, 2006, 26 (3): 12-14.

[25] 李强, 夏才初, 黄继辉, 等. 冻融条件下的寒区隧道围岩压力计算方法[J]. 西部交通科技, 2017 (1): 31-36.

[26] 汤国璋, 王星华. 多年冻土隧道工程的施工控制与预报[J]. 岩土力学, 2005, 26 (11): 1761-1765.

[27] 姚海波, 王梦恕, 谭忠盛. 高原多年冻土区隧道暗挖法安全稳定性三维数值分析[J]. 中国安全科学学报. 2004, 14 (7): 26-29.

[28] BARLA G, BONINI M, SEMERARO M. Analysis of the behaviour of a yield-control support system in squeezing rock[J]. Tunnelling and Underground Space Technology, 2011, 26(1): 146-154.

[29] WU G, CHEN W, TIAN H, et al. Numerical evaluation of a yielding tunnel lining support system used in limiting large deformation in squeezing rock[J]. Environmental Earth Sciences, 2018, 77(12): 439.

[30] ZENG K, XU J. Unified semi-analytical solution for elastic-plastic stress of deep circular hydraulic tunnel with support yielding[J]. Journal of Central South University, 2013, 20(6): 1742-1749.

[31] 江亦元. 高原多年冻土隧道施工技术及工艺试验研究[D]. 长沙: 中南大学, 2005.

[32] 刘国玉. 高海拔高寒隧道施工技术[J]. 中国铁道科学, 2001, 22 (4): 50-55.

[33] 蒲玉川. 高原地区公路隧道施工技术[J]. 青海交通科技, 2013(5): 25-26.

[34] 杨安杰, 周德明. 高原多年冻土区隧道湿喷混凝土施工技术[J]. 中国铁道科学, 2004, 25 (1): 141-144.

[35] 许家友, 魏锡文. 喷射混凝土防弹降尘剂[J]. 化学世界, 1995, (5): 236-238.

[36] 王志刚. 潮式喷浆降尘 降低回弹率总结[J]. 河北煤炭, 1982, (3): 49-51.

[37] 王兆新. 喷射混凝土支护降尘、降弹方法[J]. 建井技术, 1990, (1): 28-30+48.

[38] WOLFGANG K. The application of microsilica in the dry shotcreting method[J]. Tunnel, 1990(4): 230-238.

[39] 马学明，冯润才，杨佩瑛. 喷射混凝土增粘剂[J]. 化学建材，1991（4）：27-30.

[40] 叶华祥. 安全有效的爆破：炸药和雷管产品一览[J]. 隧道译丛，1989（4），60-62..

[41] 陈恢翰. 喷射混凝土减弹降尘技术[J]. 建井技术，1995（6）：15-17+48.

[42] 刘中胜，喷射混凝土防弹及降尘技术的研究及应用. 山东省，枣庄矿业集团高庄煤业有限公司，2010-12-29.

[43] 尹相勇. 降低喷射混凝土回弹率提高混凝土施工效率[N]. 中国建材报，2021-10-22（3）.

[44] 潘会滨. 隧道单层衬砌研究现状综述[J]. 山西建筑,2011,37(20)：185-186.

[45] CAPUTO M, HUEZ H P. Tunnel waterproofing using polymeric membranes[J]. Tunnelling and Underground Space Technology, 1987, 2(1): 83-88.

[46] LEMKE S. Critical review of spray-applied membrane in the field of tunneling in comparison to sheet membranes: advantages and open questions[C]. Tunnels for Better Life. Proceedings of the World Tunnel Congress, Iguassu: ITA, 2014.

[47] 王梦恕. 大瑶山隧道：20世纪隧道修建新技术[M]. 广州：广东科技出版社，1994.

[48] 王建宇. 复合式衬砌若干问题探讨[J]. 现代隧道技术，2019，56（1）：1-5.

[49] 关宝树. 隧道工程施工要点集[M]. 2版. 北京：人民交通出版社，2011.

[50] BLAIR A J, LACERDA L L. Construction of the wolf creek upper narrows tunnel waterproof membrane: A comparison of tunnel projects utilizing the application of spray-on waterproof

membrane[C]. Proceedings of 2005 Rapid Excavation and Tunneling Conference. Seattle: Society for Mining, Metallurgy & Exploration, 2005: 1192-1206.

[51] KONDOH M, MATSUIKE T, KURANO A, et al. Development of the waterproof membrane spraying method in NATM tunnels[C]. Tunnels and Metropolises. Proceedings of the World Tunnel Congress'98 on Tunnels and Metropolises. Sao Paulo: A. A. Balkema, 1998: 515-520.

[52] 杨其新，刘东民，盛草樱，等. 隧道及地下工程喷膜防水技术[J]. 铁道学报，2002，24（2）：83-88.

[53] VERANI C A, ALDRIAN W. Composite linings: Ground support and waterproofing through the use of a fully bonded membrane [M]. Bernard S. Shotcrete: Elements of a System. Boca Raton: CRC Press, 2010: 269-282.

[54] MEIER W, HOLTER K G, HAUSERMANN S. Waterproofing of an emergency escape tunnel by employing an innovative sprayable membrane: the giswil highway tunnel project, Switzerland[C]. Proceedings of the ITA-AITES Word Tunnel Congress. Istanbul: A. A. Balkema, 2005: 571-574.

[55] 蒋雅君，杨其新，刘东民，等. 隧道工程喷膜防水技术的发展与应用现状[J]. 现代隧道技术，2018，55（2）：11-19.

[56] ITAtech Activity Group Lining and Waterproofing. ITAtech Design Guidance for Spray Applied Waterproofing Membranes[R]. Châtelaine：ITA-AITES，2013.

[57] 刘波,孙云. 喷锚自防水混凝土的应用[J]. 黑龙江水利科技,2008,36（5）：71.

[58] 宁逢伟，蔡跃波，白银，等. 基于防水性能设计的湿喷混凝土衬砌结构优化研究[J]. 水电能源科学，2019，37（4）：113-117.

[59] 杨娟，杨其新，邱品茗. 基于CSL隧道支护结构的喷膜防水层黏结性能试验研究[J]. 现代隧道技术，2022，59（1）：104-110+175.

[60] 黄绍芳. 水泥用量对塑性混凝土抗渗性能影响研究[J]. 水利技

监督，2018（4）：149-151.

[61] 贾佳. 基于渗水高度法的防渗墙抗渗性能影响因素研究[J]. 水利技术监督，2016，24（4）：68-70+76.

[62] UYSAL M, YILMAZ K, IPEK M. The effect of mineral admixtures on mechanical properties, chloride ion permeability and impermeability of self-compacting concrete[J]. Construction and Building Materials, 2012, 27(1): 263-270.

[63] YU Y, YU J, GE Y. Water and chloride permeability research on ordinary cement mortar and concrete with compound admixture and fly ash[J]. Construction and Building Materials, 2016, 127: 556-564.

[64] 高志华，何真，赵晓，等. 利用磨细矿渣提高地下水封洞库喷射混凝土耐久性试验研究[J]. 长江科学院院报，2014，31（4）：97-103.

[65] 张俊儒，杨位中，欧小强，等. 基于复合胶凝材的喷射混凝土抗渗性能研究[J]. 混凝土，2015（5）：1-4.

[66] 白明举. 轻骨料喷射混凝土用于喀斯特地区渗水隧道处治的探讨分析[J]. 公路工程，2018，43（6）：236-240+303.

[67] 邓杰. PVA 纤维掺量对高性能喷射防水混凝土性能影响研究[J]. 中国建筑防水，2023（2）：53+56.

[68] 杨军，曲红岩. 不同聚乙烯醇纤维掺量喷射防水混凝土的性能分析[J]. 合成纤维，2024，53（3）：84+87.

[69] LIU G, CHENG W, CHEN L. Investigating and optimizing the mix proportion of pumping wet-mix shotcrete with polypropylene fiber[J]. Construction and Building Materials, 2017, 150: 14-23.

[70] WANG J, NIU D, DING S, et al. Microstructure, permeability and mechanical properties of accelerated shotcrete at different curing age[J]. Construction and Building Materials, 2015, 78: 203-216.

[71] CHOI P, YUN K K, YEON J H. Effects of mineral admixtures and steel fiber on rheology, strength, and chloride ion penetration resistance characteristics of wet-mix shotcrete mixtures containing crushed aggregates[J]. Construction and Building Materials, 2017, 142: 376-384.

[72] PARK C W, LEE H G, KANG T S. Evaluation of durability characteristicsof high performance shotcrete using fly ash[J]. Journal of the Korea Concrete Institute, 2010, 22(3): 305-311.

[73] LI H, YAN D, CHEN G, et al. Porosity, Pore size distribution and chloride permeability of shotcrete modified with nano particles at early age[J]. Journal of Wuhan University of Technology (Materials Science), 2016, 31(3): 582-589.

[74] CHRISTOPHER K Y, RAYMOND L, AUGUSTUS Y F. Properties of wet-mixed fiber reinforced shotcrete and fiber reinforced concrete with similar composition [J]. Cement and Concrete Research, 2004, 35(4): 788-795.

[75] 袁情男，何延树，刘莎，等. 不同种类液体速凝剂对混凝土抗渗性能的影响[J]. 材料科学与工程学报，2023，41(1)：132-138.

[76] TALUKDAR S, HEERE R. The effects of pumping on the air content and void structure of air-entrained, wet mix fiber reinforced shotcrete[J]. Case Studies in Construction Materials, 2019, 11(1): 1-6.

[77] 曾鲁平，赵爽，王伟，等. 硬化喷射混凝土的气泡结构特性、抗水渗透及抗冻性能[J]. 硅酸盐学报，2020，48（11）：1781-1790.

[78] YUN K K, CHOI P, YEON J H. Microscopic investigations on the air-void characteristics of wet-mix shotcrete[J]. Journal of Materials Research and Technology, 2019, 8(2): 1674-1683.

[79] 罗彦斌，陈建勋，段献良. C20 喷射混凝土冻融力学试验[J]. 中国公路学报，2012，25（5）：113-119.

[80] CHEN J, ZHAO X, LUO Y, et al. Investigating freeze-proof durability of C25 shotcrete[J]. Construction and Building Materials, 2014, 61: 33-40.

[81] 杨富民，孙成晓，仇鹏，等. 高强喷射混凝土在铁路隧道中的应用研究[J]. 铁道建筑，2015（10）：111-113+131.

[82] WON J P, KIM H H, JANG C H, et al. Durability characteristics of

high performance shotcrete for permanent support of large size underground space[J]. Journal of the Korea Concrete Institute, 2007, 19(6):701-706.

[83] WON J P, HWANG U J, LEE S J. Enhanced long-term strength and durability of shotcrete with high-strength C12A7 mineral-based accelerator[J]. Cement and Concrete Research, 2015, 76: 121-129.

[84] PARK H G, SUNG S K, PARK C G, et al. Influence of a C12A7 mineral- cased accelerator on the strength and durability of shotcrete[J]. Cement Concrete Research, 2008, 38 (3): 379-385.

[85] PARK S W, K WON S J, LEE Y S, et al. An experimental study on the effect of accelerator and chemical admixture type for the durability of shotcrete[J]. Journal of the KIIS, 2003, 18(3): 109-113.

[86] CHOI P, YEON J H, YUN K K. Air-void structure, strength, and permeability of wet-mix shotcrete before and after shotcreting operation: The influences of silica fume and air-entraining agent[J]. Cement and Concrete Composites, 2016, 70: 69-77.

[87] 赵喜忠. 隧道喷射混凝土抗冻耐久性试验研究[D]. 西安：长安大学，2011.

[88] WONG H S, PAPPAS A M, ZIMMERMAN R W, et al. Effect of entrained air voids on the micro-structure and mass transport properties of concrete[J]. Cement Concrete Research, 2011, 41(10): 1067-1077.

[89] 祝云华. 钢纤维喷射混凝土抗渗及抗冻性能试验研究[J]. 新型建筑材料，2011，38（3）：55-58.

[90] 秦先涛，祝斯月，豆怀兵，等. 水泥乳化沥青复合材料粘弹性能的依时性研究[J]. 材料导报，2014，28（16）：121-125，151.

[91] 秦先涛，陈拴发，祝斯月，等. 水泥乳化沥青复合胶凝材料动态力学性能[J]. 西安建筑科技大学学报（自然科学版），2015，47（2）：250-254.

[92] 宋昊，谢友均，龙广成，等.水泥乳化沥青砂浆研究进展[J]. 材料

导报，2018，32（3）：836-845.

[93] 吕雪冬. 动静荷载作用下 CRTS Ⅱ 型 CA 砂浆力学性能试验研究[D]. 江西：华东交通大学，2016.

[94] TYLER R, ZHENJUN W, XIANG S, et al. Laboratory investigation into mechanical properties of cement emulsified asphalt mortar[J]. Construction and Building Materials, 2014, 65: 76-83.

[95] 刘哲. 温度荷载对 CRTS Ⅰ 型板式轨道 CA 砂浆充填层影响规律研究[D]. 成都：西南交通大学，2016.

[96] YOUJUN X, QIANG F, GUANGCHENG L, et al. Creep properties of cement and asphalt mortar [J]. Construction and Building Materials, 2014, 70: 9-16.

[97] QIANG F, YOU JUN X, GUANG CHENG L, et al. Temperature sensitivity and model of stress relaxation properties of cement and asphalt mortar [J]. Construction and Building Materials, 2015, 84: 1-11.

[98] QIANG F, YOUJUN X, DITAO N, et al. Integrated experimental measurement and computational analysis of relaxation behavior of cement and asphalt mortar[J]. Construction and Building Materials, 2016, 120: 137-146.

[99] 田智仁. 水泥乳化沥青混凝土应用技术研究[D]. 西安：长安大学，2014.

[100] 逯艳华，武泽锋. 水泥-乳化沥青混凝土的路用性能研究[J]. 沈阳建筑大学学报（自然科学版），2019，35（2）：285-293.

[101] 李迎华. 水泥乳化沥青混凝土路用性能研究[J]. 公路交通科技(应用技术版)，2017，13(3)：24-25.

[102] JAHREN C T, CAWLEY B, BERGESON K . Performance of cold in-place recycled asphalt cement concrete roads[J]. Journal of Performance of Constructed Facilities, 1999, 13(3): 128-133.

[103] ORUC S , CELIK F , AKPINAR M V. Effect of cement on emulsified asphalt mixtures[J]. Journal of Materials Engineering and

Performance, 2007, 16(5):578-583.

[104] XIAO J, JIANG W, YE W, et al. Effect of cement and emulsified asphalt contents on the performance of cement-emulsified asphalt mixture[J]. Construction and Building Materials, 2019, 220(30):577-586.

[105] LI Y, LYV Y, FAN L, et al. Effects of Cement and Emulsified Asphalt on Properties of Mastics and 100% Cold Recycled Asphalt Mixtures[J]. Materials, 2019, 12(5): 1-20.

[106] 李军，陈楚鹏. 乳化沥青厂拌冷再生技术在开阳高速公路改扩建工程中的应用[J]. 广东公路交通，2021，47（3）：1-4.

[107] 张歌. 负温环境下水泥水化过程调控及机理研究[D]. 哈尔滨：哈尔滨工业大学，2020.

[108] 刘浪涛，邵式亮，许金余，等. 混凝土防冻剂的研究进展[J]. 材料导报，2015，29（13）：102-107

[109] 胡玉兵，苗广营，熊羽. 负温环境下混凝土力学性能及水化特征研究[J]. 建筑材料学报，2017，20（6）：975-980.

[110] ALZAZA A, OHENOJA K, LANGÅS I, et al. Low-temperature(−10 ℃) curing of Portland cement paste-Synergetic effects of chloride-free antifreeze admixture, C-S-H seeds, and room-temperature pre-curing[J]. Cementand Concrete Composites, 2022, 125: 104319.

[111] 杨英姿，巴恒静. 负温防冻剂混凝土的界面显微结构与性能[J].硅酸盐学报，2007，35（8）：1125-1130.

[112] 张思佳，纪国晋，陈建国，等. −10 ℃即时受冻条件下外加剂和掺和料对负温混凝土性能影响[J]. 建筑材料学报，2018，21（4）：649-655.

[113] LIU J, LI Y, OUYANG P, et al. Hydration of the silica fume-Portland cement binary system at lower temperature[J]. Construction and Building Materials, 2015, 93: 919-925.

[114] DEMIRBOĞA R, KARAGÖL F, POLAT R, et al. The effects of urea on strength gaining of fresh concrete under the cold weather

conditions[J]. Construction and Building Materials, 2014, 64: 114-120.

[115] 王稷良, 孙小彬, 杨志峰. 防冻组分对水泥混凝土性能的影响研究[J]. 硅酸盐通报, 2014, 33（12）: 3331-3337.

[116] KARAGÖL F, DEMIRBOĞA R, KAYGUSUZ M A, et al. The influence of calcium nitrate as antifreeze admixture on the compressive strength of concrete exposed to low temperatures[J]. Cold Regions Science and Technology, 2013, 89: 30-35.

[117] WISE T, RAMACHANDRAN V S, POLOMARK G M. The effect of thiocyanates on the hydration of portland cement at low temperatures[J]. Thermochimica Acta, 1995, 264: 157-171.

[118] GU P, FU Y, BEAUDOIN J J. A study of the hydration and setting behaviour of OPC-HAC pastes[J]. Cement and Concrete Research, 1994, 24(4): 682-694.

[119] ZHANG X, YANG Y, ONG C K. Study of early hydration of OPC-HAC blends by microwave and calorimetry technique[J]. Cement and Concrete Research, 1997, 27(9): 1419-1428.

[120] 王培铭, 孙磊, 徐玲琳, 等. 硅酸盐水泥与铝酸盐水泥混合体系的研究和应用[J]. 材料导报, 2013, 27（1）: 139-143.

[121] 王培铭, 徐玲琳, 张国防. 0~20 ℃养护下硅酸盐水泥水化时钙矾石的生成及转变[J]. 硅酸盐学报, 2012, 40（5）: 646-650.

[122] LOTHENBACH B, WINNEFELD F, ALDER C, et al. Effect of temperature on the pore solution, microstructure and hydration products of Portland cement pastes[J]. Cement and Concrete Research, 2007, 37(4): 483-491.

[123] LI Z. TIAN B, LI L. Effect of phosphates on early-age hydration process and products of calcium aluminate cement at －10 ℃[J]. Construction and Building Materials, 2022, 346: 128405.

[124] 中华人民共和国质量监督检验检疫总局. 水泥标准稠度用水量、凝结时间、安定性检验方法: GB/T 1346—2001[S]. 北京: 中国标

准出版社，2001.

[125] 国家市场监督管理总局，国家标准化管理委员会. 水泥胶砂强度检验方法（ISO 法）：GB/T 17671—2021[S]. 北京：中国标准出版社，2021

[126] 徐玲琳，王培铭，吴广明，等. 铝酸盐水泥对硅酸盐水泥性能及浆体结构的影响[J]. 同济大学学报（自然科学版），2015，43（5）：736-740+753.

[127] BALONIS M, MEDALA M, GLASSER F P. Influence of calcium nitrate and nitrite on the constitution of AFm and AFt cement hydrates[J]. Advances in Cement Research, 2011, 23(3): 129-143.

[128] GU P, BEAUDOIN J J, QUINN E G, et al. Early Strength Development and Hydration of Ordinary Portland Cement/Calcium Aluminate Cement Pastes[J]. Advanced Cement Based Materials, 1997, 6(2): 53-58.

[129] 徐玲琳，李楠，王培铭，等. 温度对铝酸盐水泥基三元体系早期水化的影响[J]. 硅酸盐学报，2016，332（11）：1552-1557.

[130] 李鹏. 环保型道路融雪剂制备及应用技术研究[D]. 兰州：兰州交通大学，2018.

[131] 中华人民共和国交通运输部. 公路工程沥青及沥青混合料试验规程：JTG E20—2011[S]. 北京：人民交通出版社，2011.

[132] WANG Z, WANG P, GUO H, et al. Adhesion improvement between RAP and emulsified asphalt by modifying the surface characteristics of RAP[J]. Advances in Materials Science and Engineering, 2020, 2: 1-10.

[133] 李炜. 水泥-乳化沥青交互作用及其机理研究[D]. 南京：东南大学，2018.

[134] 欧阳剑. 新拌水泥乳化沥青胶浆流变性能研究[D]. 哈尔滨：哈尔滨工业大学，2015.

[135] WANG F, LIU Y, HU S. Effect of early cement hydration on the chemical stability of asphalt emulsion[J]. Construction and Building

Materials, 2013, 42: 146-151.

[136] 朱晓斌, 徐静, 刘至飞, 等. CA 砂浆的离析与泌水机理探讨[J]. 建筑材料学报, 2014, 17（6）: 945-951.

[137] 申华杰, 侯曙光. 乳化沥青破乳过程热效应分析[J]. 扬州大学学报（自然科学版）, 2019, 22（2）: 75-78.

[138] MORSY M. Effect of temperature on electrical conductivity of blended cement pastes[J]. Cement and Concrete Reaearch, 1999, 29: 603-606.

[139] PELED A, CASTRO J, WEISS W. Atomic force and lateral force microscopy (AFM and LFM) examinations of cement and cement hydration products[J]. Cement & Concrete Composites, 2012, 36: 48-55.

[140] ARCHIE G. The electrical resistivity log as an aid in determining some reservoir characteristics[J]. Transactions of the Aime, 1942, 146: 54-62.

[141] TAN Y, OUYANG J, LV J, et al. Effect of emulsifier on cement hydration in cement asphalt mortar[J]. Construction and Building Materials, 2013, 47: 159-164.

[142] NAGELE E. The Zeta-potential of cement[J]. Cement and Concrete Reaearch, 1986, 16: 853-863.

[143] CHATTERJI S, KAWAMURA M. Electrical double layer, ion transport and reactions in hardened cement paste[J]. Cement and Concrete Reaearch, 1992, 22: 774-782.

[144] PLANK J, HIRSCH C. Impact of zeta potential of early hydration phases on superplasticizer adsorption[J]. Cement and Concrete Reaearch, 2007, 37: 537-542.

[145] GARRAULT S, FINOT E, LESNIEWSKA E, et al. Study of C-S-H growth on C3S surface during its early hydration[J]. Materials and Structures, 2005, 38: 435-442.

[146] 中华人民共和国住房和城乡建设部. 喷涂混凝土应用技术规程：

JGJT 372—2016[S]. 北京：中国建筑工业出版社，2016.

[147] YUN K, KIM J, SONG S, et al. Rheological behavior of high-performance shotcrete mixtures containing colloidal silica and silica fume using the Bingham model[J]. Materials, 2022, 15(2): 428.

[148] PAPO A, PIANI L. Effect of various superplasticizers on the rheological properties of Portland cement pastes[J]. Cement and Concrete Reaearch, 2004, 34: 2097-2101.

[149] ZHAO Z, CHEN J, ZHANG Y, et al. Study on preparation and performance of foamed lightweight soil grouting material for goaf treatment[J]. Materials, 2023, 16(12): 4325.

[150] REN Q, TAO D, JIAO Z, et al. Plastic viscosity of cement mortar with manufactured sand as influenced by geometric features and particle size[J]. Cement & Concrete Composites, 2021, 122: 104163.

[151] GU P, FU Y, XIE P, et al. A study of the hydration and setting behaviour of OPC-HAC pastes[J]. Cement and Concrete Reaearch, 1994, 24(4): 682-694.

[152] MORRIS E F, STUDE D L, CAMERON R C, et al. Evaluation of cement systems for permafrost[J]. Journal of Canadian Petroleum Technology, 1971, 10(1): 19-22.

[153] ZHANG P, HOU Y, NIU K, et al. Effects of anionic emulsifiers and emulsified asphalt on hydration and microstructure of cement[J]. Materials, 2024, 17(1): 36.

[154] LI W, MAO Z, XU G, et al. Study on the early cement hydration process in the presence of cationic asphalt emulsion[J]. Construction and Building Materials, 2020, 261: 120025.

[155] LI W, ZHU X, HONG J, et al. Effect of anionic emulsifier on cement hydration and its interaction mechanism[J]. Construction and Building Materials, 2015, 93: 1003-1011.

[156] XIN Q, GAO R, SHAO P, et al. Effect of Different Water-Binder Ratios and Fiber Contents on the Fluidity and Mechanical Properties

of PVA-ECC Materials[J]. Tehnicki Vjesnik-Technical Gazette, 2023, 30(5): 1366-1372.

[157] ZHANG W, YIN C, MA F, et al. Mechanical properties and carbonation durability of engineered cementitious composites reinforced by polypropylene and hydrophilic polyvinyl alcohol fibers[J]. Materials, 2024, 11(7): 1147.

[158] KAUFMANN J, FRECH K, SCHUETZ P, et al. Rebound and orientation of fibers in wet sprayed concrete applications[J]. Construction and Building Materials, 2013, 49: 15-22.

[159] MARTINIE L, ROSSI P, ROUSSEL N. Rheology of fiber reinforced cementitious materials: classification and prediction[J]. Cement and Concrete Reaearch, 2010, 40: 226-234.

[160] YUN K K, CHOI P, YEON J H. Correlating rheological properties to the pumpability and shootability of wet-mix shotcrete mixtures[J]. Construction and Building Materials, 2015, 98: 884-891.

[161] 中华人民共和国质量监督检验检疫总局，中国国家标准化管理委员会. 建设用砂：GB/T 14684—2022[S]. 北京：中国标准出版社，2022.

[162] 中华人民共和国质量监督检验检疫总局. 建设用卵石、碎石：GB/T 14685—2022[S]. 北京：中国标准出版社，2022.

[163] 中华人民共和国住房和城乡建设部，中华人民共和国质量监督检验检疫总局.普通混凝土拌合物性能试验方法标准：GB/T 50080—2016[S]. 北京：中国建筑工业出版社，2016.

[164] 张戈. 喷射混凝土高性能化机制与组成设计方法研究[D]. 北京：北京交通大学，2021.

[165] WU G, CHEN W, TIAN H, et al. Numerical evaluation of a yielding tunnel lining support system used in limiting large deformation in squeezing rock[J]. Environmental Earth Sciences, 2018, 77: 439.

[166] WANG Z, SHU X, RUTHERFORD T, et al. Effects of asphalt emulsion on properties of fresh cement emulsified asphalt mortar[J].

Construction and Building Materials, 2015, 75: 25-30.

[167] PRUDÊNCIOJR R L. Accelerating admixtures for shotcrete[J]. Cement and Concrete Composites, 1998, 20(2): 213-219.

[168] PAGLIA C, WOMBACHER F, BÖHNI H, et al. The influence of alkali-free and alkaline shotcrete accelerators within cement systems Ⅰ: Characterization of the setting behavior[J]. Cement and Concrete Research, 2001, 31(6): 913-918.

[169] WINNEFELD F, KAUFMANN J, LOSER R, et al. Influence of shotcrete accelerators on the hydration of cement pastes and their impact on sulfate resistance[J]. Construction and Building Materials, 2021, 266: 120782.

[170] MALTESE C, PISTOLESI C, BRAVO A, et al. Effects of setting regulators on the efficiency of an inorganic acid based alkali-free accelerator reacting with a Portland cement[J]. Cement and Concrete Research, 2007, 37(4): 528-536.

[171] SUN H, DING Y, JIANG P, et al. Study on the interaction mechanism in the hardening process of cement-asphalt mortar[J]. Construction and Building Materials, 2019, 227: 116663.

[172] LIU B, SHI J, HE Y, et al. Factors influencing the demulsification time of asphalt emulsion in fresh cement emulsified asphalt composite binder[J]. Road Materials and Pavement Design, 2020, 1: 1828151.

[173] 中华人民共和国住房和城乡建设部，国家市场监督管理总局. 混凝土物理力学性能试验方法标准：GB/T 50081—2019[S]. 北京：中国建筑工业出版社，2019.

[174] PAKRAVAN H R, JAMSHIDI M, LATIFI M, et al. Adhesion of Polypropylene Fiber to Cement Matrix[J]. Journal of Adhesion Science and Technology, 2012, 26(10-11): 1383-1393.

[175] 中华人民共和国住房和城乡建设部，中华人民共和国国家质量监督检验检疫总局. 岩土锚杆与喷射混凝土支护工程技术规范：GB 50086—2015[S]. 北京：中国计划出版社，2015.

[176] CHEN Z, ZHANG Y, CHEN J, et al. Sensitivity Factors Analysis on the Compressive Strength and Flexural Strength of Recycled Aggregate Infill Wall Materials[J]. Applied Sciences, 2018, 8(7): 8071090.

[177] 刘金平，李信，陈露一，等. 石灰石粉掺量对混凝土性能的影响及作用机理研究[J]. 混凝土，2023（8）：92-94.

[178] 中华人民共和国住房和城乡建设部，中华人民共和国国家质量监督检验检疫总局. 普通混凝土长期性能和耐久性能试验方法标准：GB/T 50082—2009[S]. 北京：中国建筑工业出版社，2009.

[179] DU S. Interaction mechanism of cement and asphalt emulsion in asphalt emulsion mixtures[J]. Materials and Structures, 2013, 47(7): 1149-1159.

[180] HE D, SHI Y, LUO T, et al. Mechanical and durability properties of self-compacting concrete made with fly ash microbeads and phosphorous slag powder[J]. Journal of Adhesion Science and Technology, 2020, 34(14): 1572-1590.

[181] DELARAMI A, MOGHADDAM A M, YAZADANI M R, et al. Investigation of the main and interactive effects of mix design factors on the properties of cement emulsified asphalt mortars using Mixture Design of experiment[J]. Construction and Building Materials, 2021, 266: 120975.

[182] ZHANG S, ZHAO B. Research on the performance of concrete materials under the condition of freeze-thaw cycles[J]. European Journal of Environmental and Civil Engineering, 2013, 17(9): 860-871.

[183] LAŹNIEWSKA-PIEKARCZYK B. The type of air-entraining and viscosity modifying admixtures and porosity and frost durability of high performance self-compacting concrete[J]. Construction and Building Materials, 2013, 40: 659-671.

[184] LI W, HONG J, ZHU X, et al. Retardation mechanism of anionic

asphalt emulsion on the hydration of Portland cement[J]. Journal of Construction and Building Materials, 2018, 163: 714-723.

[185] ODLER I, RÖßLER M. Investigations on the relationship between porosity, structure and strength of hydrated Portland cement pastes II. Effect of pore structure and of degree of hydration[J]. Cement and Concrete Research, 1985, 15: 401-410.

[186] HOVER K. Why is there air in concrete[J]. Advances in Concrete Construction, 1993, 38(1): 11-15.

[187] NGOC-ANH D, DIAS D, ORESTE P. 3D numerical investigation on the interaction between mechanized twin tunnels in soft ground[J]. Environmental Earth Sciences, 2015, 73(5): 2101-2113.

[188] AGAN C. Prediction of squeezing potential of rock masses around the Suruc Water tunnel[J]. Bulletin of Engineering Geology and the Environment, 2016, 75(2): 451-468.

[189] AYDAN O, AKAGI T, KAWAMOTO T. The squeezing potential of rocks around tunnels—theory and prediction[J]. Rock Mechanics and Rock Engineering, 1993, 26(2): 137-163.

[190] WANG C, WANG Y, LU S. Deformational behaviour of roadways in soft rocks in underground coal mines and principles for stability control[J]. International Journal of Rock Mechanics and Mining Sciences, 2000, 37(6): 937-946.

[191] SCUSSEL D, CHANDRA S. New approach to the design of tunnels in squeezing ground[J]. International Journal of Geomechanics, 2014, 14(1): 110-117.

[192] HOEK E. Big tunnels in bad rock[J]. Journal of Geotechnical and Geoenvironmrntal Engineering, 2001, 127(9): 726-740.

[193] DALGIC S. Tunneling in squeezing rock, the Bolu tunnel, anatol motorw, turkey[J]. Engineering Geology, 2002, 67(1-2): 73-96.

[194] KOLYMBAS D, FELLIN W, KIRSCH A. Squeezing due to stress relaxation in foliated rock[J]. International Journal for Numerical and

Analytical Methods in Geomechanics, 2006, 30(13): 1357-1367.

[195] DWIVEDI R D, SINGH M, VILADKAR M N, et al. Prediction of tunnel deformation in squeezing grounds[J]. Engineering Geology, 2013, 161(7): 55-64.

[196] DWIVEDI R D, SINGH M, VILADKAR M N, et al. Estimation of support pressure during tunnelling through squeezing grounds[J]. Engineering Geology, 2014, 168(1): 9-22.

[197] VRAKAS A, ANAGNOSTOU G. Ground response to tunnel re-profiling under heavily squeezing conditions[J]. Rock Mechanics and Rock Engineering, 2016, 49(7): 2753-2762.

[198] MEZGER F, RAMONI M, ANAGNOSTOU G, et al. Evaluation of higher capacity segmental lining systems when tunnelling in squeezing rock[J]. Tunnelling and Underground Space Technology, 2017, 65: 200-214

[199] AKSOY C O, OGUL K, TOPAL I, et al. Numerical modeling of non-deformable support in swelling and squeezing rock[J]. International Journal of Rock Mechanics and Mining Sciences, 2012, 52(6): 61-70.

[200] CANTIENI L, ANAGNOSTOU G. The interaction between yielding supports and squeezing ground[J]. Tunnelling and Underground Space Technology, 2009, 24(3): 309-322.

[201] MEZGER F, RAMONI M, ANAGNOSTOU G. Options for deformable segmental lining systems for tunnelling in squeezing rock[J]. Tunnelling and Underground Space Technology, 2018, 76: 64-75.

[202] TIAN H, CHEN W, YANG D, et al. Numerical analysis on the interaction of shotcrete liner with rock for yielding supports[J]. Tunnelling and Underground Space Technology, 2016, 54: 20-28.

[203] TIAN H, CHEN W, TAN X, et al. Numerical investigation of the influence of the yield stress of the yielding element on the behaviour of the shotcrete liner for yielding support[J]. Tunnelling and

Underground Space Technology, 2018, 73:179-186.

[204] CHEN W, TIAN H, YANG F, et al. Study of effects of foam concrete preset deformation layer on long-term stability of deep soft rock tunnel[J]. Rock and Soil Mechanics, 2011, 32(9): 2577-2583.

[205] WANG H, CHEN W, TAN X, et al. Development of a new type of foam concrete and its application on stability analysis of large-span soft rock tunnel[J]. Journal of Central South University, 2012, 19(11): 3305-3310.

[206] WANG H, CHEN W, WANG Q, et al. Rheological properties of surrounding rock in deep hard rock tunnels and its reasonable support form[J]. Journal of Central South University, 2016, 23(4): 898-905.

[207] ZHAO W, CHEN W, TAN X, et al. Study on foamed concrete used as seismic isolation material for tunnels in rock. Materials Research Innovations, 2013, 17(7): 465-472.